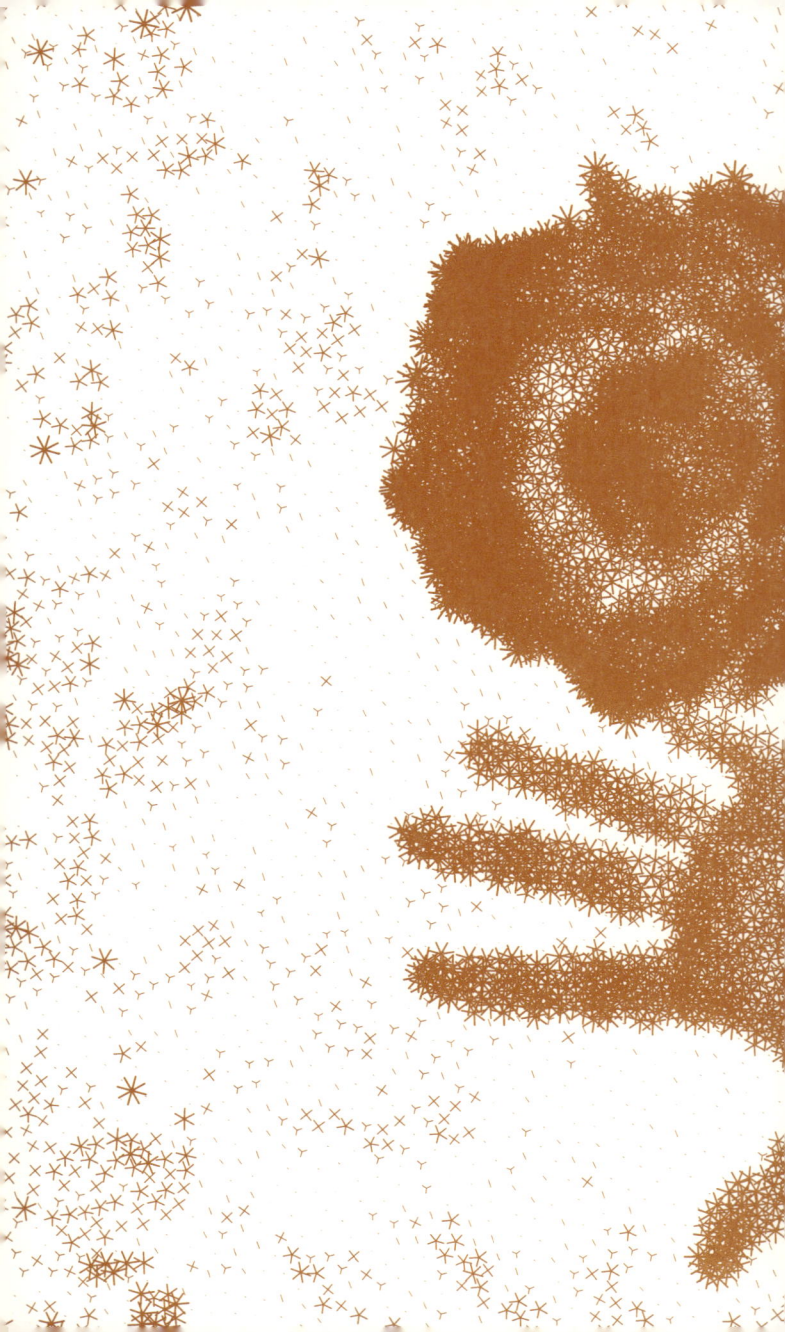

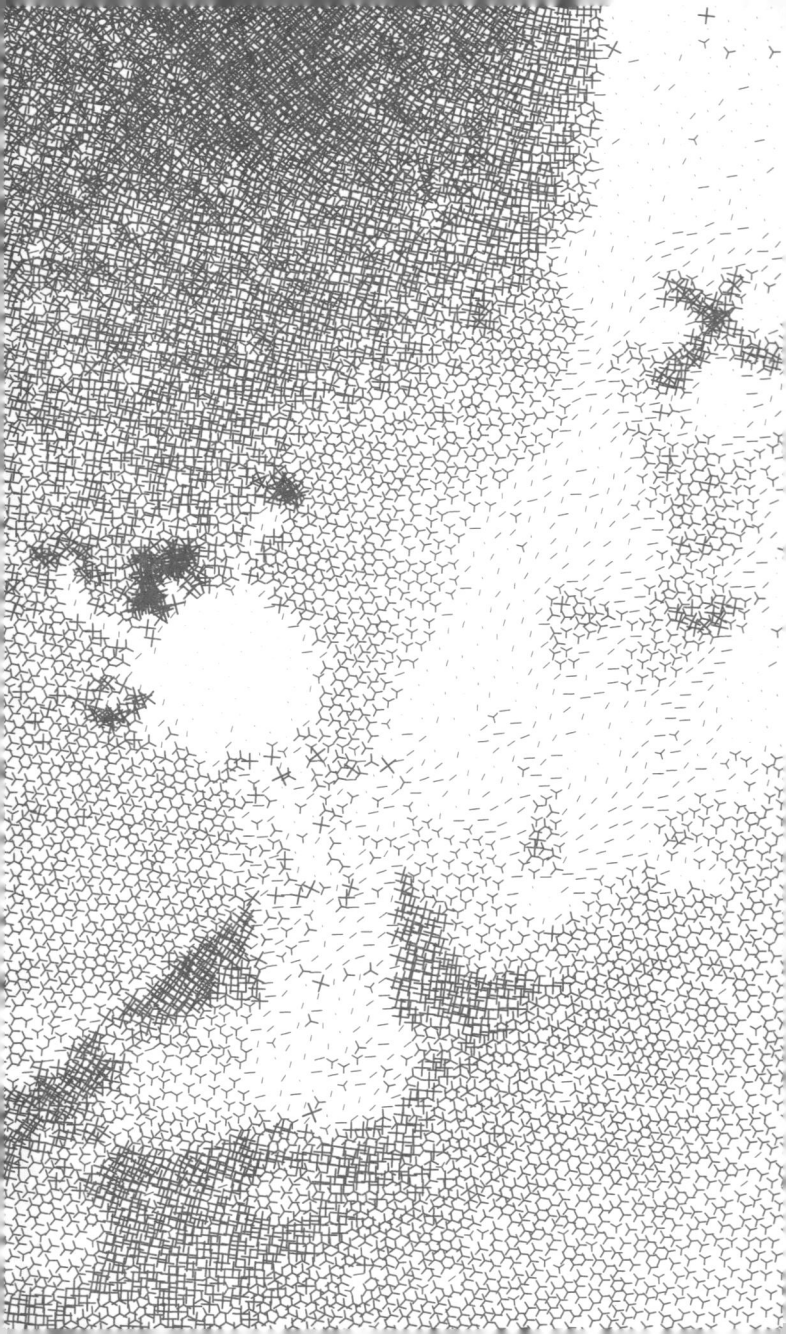

식물스케일

박세미 지음

시간의흐름。

일러두기

- 단행본은 『 』, 문학 작품은 「 」, 잡지와 음악 앨범은 « », 영화와 기타 예술 작품의 제목은 ‹ ›로 표시했다.
- 외래어 표기는 국립국어원 외래어표기법에 따랐으며 관례로 굳어진 것과 입말이 더 많이 쓰이는 경우는 예외로 두었다.

일곱 개의
식물명으로 된 사전*

박당나무,
잔뜩 부풀어 오른 하얀 꿈을 꼭 짜낼 때
알알이 맺히는 붉음

층꽃나무,
지붕 공동체
지붕이 지붕의 지붕이 되어준다

검둥사초,
높은 산 속 풀밭에 앉아서 꾸벅꾸벅 졸고 있는
머리숱 많은 아이들

수크령,
한낮의 빛 조각을 가득 품은 털 방망이는 힘이 세다

실크타슬,
은은하게 이어지는 행복
혹은 적당하게 가라앉은 행복

송악,
바위섬을 타고 오르는 염소의 발
섬의 꼭대기에서 바닷바람을 즐긴다

투구꽃,
사랑과 증오의 경계에서 열리는 보랏빛 하늘

* 진은영,「일곱 개의 단어로 된 사전」,『일곱 개의 단어로 된 사전』(문학과지
성사, 2003) 제목 변용

들어가는 글

디실직고부터 해야 할 것 같다. 누군가 내게 "식물에 관한 책인가요?"라고 묻는다면 나는, "식물에 관한 책이지만 식물에 관한 책이 아니고 식물에 관한 책이긴 한데……' 하며 말을 끝맺지 못할 것 같다. 그렇지만 서문에서조차 피할 수는 없기에 말을 정리해보자면, 이렇다.

무려 책 제목과 모든 글에 식물이 등장하지만, 이 책은 식물을 정면으로 마주 보고 있지 않다. 그러므로 식물이 주인공은 아니다(식물을 잘 가꾸는 법이라든지, 혹은 추천하는 식물 목록과 같은 문장은 단 한 줄도 없음을 미리 밝힌다). 건축이라는 직업군에 오래 속해 있었기 때문인지, 타고난 성향 때문인지는 잘 모르겠지만, 식물 자체가 갖는 물리적 속성, 혹은 식물을 통해 주변과 관계 맺는 방식에 더 경도되었는지도 모르겠다. 생명과 성장, 결실과 죽음을 성찰하게 하고, 말없이 위로와 행복을 주는 대상으로서 식물이 갖는 경이로운 지점을 말해보려 했지만, 나의 눈과 발이 자꾸 다른 곳으로 향했기에, 식물을 앞에 두기보다 옆이나 뒤에 두고 발생하는 이야기들을 쓰게 되었다. 하지만 이는 식물이 언제나 나의 지척에 있었다는 말이기도 하다. 식물은 그렇게 그림자와 같은 양식으로, 내가 서 있는 위치와 시간에 따라 변모하며 나의 영역을 표시해주었다.

건축에서는 인체스케일(휴먼스케일)이라는 개념이 자주 등장하는데, 인간 중심의 크기와 비례를 고려하여 공간의 구성 요소를 설계하는 접근 방식이다. 인간의 몸을 척도로 두고 세계를 구성할 수 있다면, 그 어떤 것도 척도가 될 수 있다. 도면이나 모형을 보면 항상 명시되는 것 중 하나가 스케일이기도 하다. 1:100이라고 쓰여 있으면, 실제 건물의 크기는 도면이나 모형의 100배인 셈이다. 도면에서의 1센티미터를 100센티미터로 가늠하여 공간을 상상해보는 것이다.

식물스케일이라는 설정 아래 포섭되는 나의 세계는 무해하고 아름답다. 글을 쓰는 동안 의식하거나 의도하지 않았지만 다 쓰고 보니, 식물을 척도 삼아 세계를 인식하거나 식물을 경유하여 사람과 공간을 이렇게 크게 누렸다는 사실을 알게 되었다. 혹은 거꾸로 사람과 공간을 통해 식물을 다른 시각으로 보게 되기도 했다. 견디기 힘든 것들을 계속 견뎌야 하는 생이라고 생각했는데, 식물스케일로 그려진 도면에만큼은 어떤 맑은 공간이 확보된 것 같다. 특히 식물이 맺어준 인연들이 그러하니, 이 책은 사실 그 명단과 다름없다.

차례

들어가는 말　　　　　　　　　　　　　5

애지중지하다가　　　　　　　　　　11
한 척의 범선, 한 척의 정원　　　　　16
식물의 집　　　　　　　　　　　　　20
설화가 식물의 이름을 알려주는 방식　26
10리터의 세계　　　　　　　　　　　32
병기이자 동료이자 죽음이자　　　　　36
유리 유(琉), 유리 리(璃)　　　　　　40
자연이라는 잠언　　　　　　　　　　44
보이는 것을 보는 눈　　　　　　　　49
자연이 자연에게 돌려주는 방식　　　55
들과 창고 사이에서　　　　　　　　　57
방 밖의 방　　　　　　　　　　　　　62
시선의 산책　　　　　　　　　　　　66
캣스케일　　　　　　　　　　　　　70
자세히 보기　　　　　　　　　　　　81
첫 빈티지 화병　　　　　　　　　　　83

끝잎 한 장 86
최근 10년간 가끔 꽃 87
미술관이라는 이름의 향기 92
아름다운 것을 취하려면 96
우리 언젠가 꽃밭에 함께 누워요 100

부록 국립현대미술관 과천 원형정원 107
       이와 바: 숲을 인식하는 새로운 방식 122

애지중지하다가

발 없는 식물이 인간의 손에 들려 집 안에 들어와 살게 된 것은 언제부터였을까? 실내에서 식물을 기르는 모습은 기원전 500년경의 중국 벽화에서도 볼 수 있다고 하니, 일명 '식집사'의 역사는 생각보다 훨씬 오래된 것 같다. 도시화가 진행될수록, 감염병이 창궐하여 홀로 있게 될수록, 기계에 둘러싸여 자신도 기계처럼 여겨질수록 식물이 우리 생활에 더 깊이 들어오는 걸 보니, 자연과 연결되고자 하는 인간의 절박함을 새삼 알겠다. 그러나 그 절박함이 무색하게도 식물은 우리 곁에 쉽게 온다. 그리고 정원에서 베란다로, 베란다에서 창가로, 창가에서 거실과 방으로 깊숙이 들어와 우리 생활의 한 공간을 당당히 차지한다.

    식물은 분명 그 자체로 매력적이다. 눈을 부릅뜨고

지켜볼 때는 꼼짝하지 않고 정지의 상태이면서, 한눈을 팔고 돌아오면 어딘가 변해 있다는 사실은 나에게 여전히 놀랍다. 우리는 좀처럼 식물이 변하는 그 순간을 목격하기 어렵다. 문득 돌아보면 어느새 뿌리가 자라 있고, 어느새 새순이 나 있고, 어느새 꽃을 피우고, 어느새 죽어 있기도 하면서 끊임없이 우리에게 성장과 생명이라는 진부한 주제를 상기시킨다. 식물이 온몸으로 발산하는 색은 또 어떤가? 어떤 뛰어난 인공 안료로도 흉내 내기 힘든 빛깔들. 거기다 식물은 예측 가능함으로 돌보기의 즐거움을 주었다가도 예측 불가능함으로 인간의 통제에 완전히 들어오지 않음을 똑똑히 알려준다.

많은 사람이 그러하듯 나 또한 식물을 애호하던 부모님 밑에서 자랐다. 베란다(정확히는 실내화된 발코니)에 늘어선 많은 화분, 그것들을 돌보던 부모님의 뒷모습이 익숙한 세대다. 내 방과 작업실 곳곳에 배치된 화분들을 보고 있자면, 이 또한 부모님에게 물려받은 것 중 하나가 아닌가 한다.

이 책을 읽기 시작한 이에게 당황스럽게 들릴지도 모르겠지만, 누군가 나에게 "식물을 사랑하세요?"라고 묻는다면, "네, 끔찍이요!"라고 대답할 수는 없을 것 같다. 그렇다고 좋아하지 않는다는 건 아니지만, 식물을 사랑한다고는……. 아무래도 이 대답은 보류해야겠다. 다만 확실한 것은 식물을 통해 내가 새롭게 맺게 된 세계가 있고, 새로 획득한 어떤 렌즈를 통해 식물을 다르게 보게 되었다는 것이다.

이러한 방식을 처음 가르쳐준 사람은 성규 씨였다. 큐레이터이자 원예가인 성규 씨는 2018년 베니스비엔날레 건축전에서 처음 만났다. 그는 한국관의 어시스턴트 큐레이터로 전시를 진행 중이었고, 건축전문지 기자였던 나는 전시를 취재 중이었는데, 둘 다 혼이 쏙 빠져 있기는 마찬가지였다. 한국관 스태프들과 숙소를 같이 쓰며 가끔 식사를 같이 하기도 했는데, 한번은 성규 씨와 둘이 이야기하게 되었다. 숙소 앞 가게에서 스플리츠 한 잔씩 앞에 두고, 우리는 마땅히 일 얘기를, 하지 않았다. 대신 성규 씨는 자신이 돌보는 식물에 대해 이야기했는데, 다시 생각해보면 식물 이야기가 아니기도 했다. 식물 자체보다는 사선의 지붕을 가진 자신의 방, 햇빛이 들어오는 방향과 그림자의 형태, 모빌의 움직임과 같은 것들을 훨씬 더 길고 자세하게 묘사했다. 아마 식물을 통해 알아차리게 되는 것들인 듯했다. 식물 가지를 가위로 잘라내며 수형을 만든다고 했을 때,

"수형이 뭐예요?"라고 물을 만큼 나는 식물에 대해 아는 것이 없기도 했지만, 자신이 머무르는 공간을 관찰하거나 묘사하는 데에는 더욱 몽매함을 그때 알아차렸다. 내 생활이 건축으로 점철되던 때였는데도 말이다.

한국으로 돌아오고, 바쁜 업무와 일상이 몇 번이나 휘몰아쳐 지나가고, 가끔 성규 씨와 안부를 주고받았다. 그러다 문득 성규 씨로부터 유칼립투스 폴리안 묘목 하나를 선물받았고, 나는 잎이 네 장 달린 묘목을 회사 책상에 두고 애지중지 키웠다. 하루에도 몇 번씩 흙에 손가락을 찔러보고, 일하다 종종 잎사귀도 만지작거려 보고, 퇴근할 때는 옥상에 내놓았다가 출근할 때 데리고 들어오곤 했다. 내 방정맞음에 회사 동료들은 화분에 애지중지라는 이름을 붙이고는 가끔 놀렸다. 뭐 어때. 내 키만큼 자란 애지중지가 동전 같은 잎을 흔들어대는 소리를 내 방에서 듣게 될 날이 온다면! 방바닥에 그림자가 포도송이처럼 열릴 수 있다면! 유칼립투스 향기에 취해 잠에 들 수 있다면! 하지만 잎이 스무 장쯤 달리게 되었을 때, 내 입장에선 애지중지가 어떤 기색도 없이 죽어버렸다. 아마 과한 애정에 질식해버린 것이라고 짐작할 뿐이다. 어릴 적 학교 숙제였던 강낭콩

기르기도 해본 적 없는 내게 그 죽음은 다소 충격적이었다. 죽음에 대한 슬픔이라기보다는 나의 공간을 사랑할 기회를 잃어버린 기분이었달까. 어찌 되었든 애지중지로 보기 좋게 실패했다. 비유나 은유를 벗어던진 식물이 뻗어나가는 구체적이고 물리적인 세계로의 진입.

한 척의 범선,
한 척의 정원

한때는 글이, 독방에 자신을 가두어놓고 책상 앞에 앉아 머리를 쥐어뜯으며 골몰 중인 자의 등짝에서 지펴지는 것이라고 생각했다. (공간의) 폐쇄만이 고독을 불러오는 것이라고. 하지만 방문을 걸어 잠글 때 생각의 창문도 함께 닫히는 느낌은…… 아무래도 나의 필력, 근력, 지구력, 집중력 등이 모자란 탓이겠지만, 아무튼 나는 주기적으로 방문을 열고 나올 수밖에 없었다. 그러나 방 밖에서 고독을 사수하기란 거의 불가능하다. 다정한 가족들은 나의 마감 상황이 늘 궁금하고, 함께 간식을 나누어 먹고 싶어 하고, TV를 보며 함께 깔깔대고 싶어 하기 때문이다. 나도 그러고 싶지 않은 건 아니지만, 마감이 다가올수록 나의 결함을 어디에든 뒤집어씌우고 싶은 충동이 거세진다. 그럴 때 나는 누구와도 눈 맞추지 않고 빠르게 발코니로 향한다.

　이탈리아의 근대 건축가인 지오 폰티는 『건축예찬』에서 발코니를 '한 척의 범선'이라고 비유했다. "건물의 정면에 정박해 있는 작은 배"라며, "언제라도 항해를 떠날 수 있다"고 했는데, 자칫 낭만적으로 들리기도 하지만, 사실 이 비유에는 발코니의 건축적 정의가 담겨 있다. 구조적인 측면에서는 건물의 외벽에 부가적으로 매달려 있는 공간, 외부와 내부 사이에서 완충 역할을 하고, 전망과 휴식의 목적을 갖는 공간을 의미하기 때문이다(한국에서는 베란다와 혼동되어 사용되지만, 엄밀하게 따지면 베란다는 건축물의 상층이 하층보다 작게 건축되어 남는 아래층의 지붕 부분을 의미하는 용어라 흔히 우리가 일컫는 베란다는 사실 실내화된 발코니에 가깝다). 개념이나 정의는 대개 지루하지만 건축을 공부하면서 느끼는 즐거움 중 하나는 이것이다. 무의식적으로 체감해온 어떤 공간에 대한 감각이 공중에서 부유하다 어느 날 우연히 이론이라는 토양에 안착했을 때다.

　어쨌든 발코니를 '한 척의 범선'이라고 말할 수 있다면, 내게도 있다. 한 척의 범선. 아니 한 척의 정원. 어린 시절 우리 집 발코니는 조금 특별했다. 전적으로 아빠의 손으로 조성된 발코니였다. 아빠는 난 수집가이기도 했는데, 내 눈에는 똑같이 생긴 풀때기 집단에 불과했지만, 저마다 다른 이름표를 달고 있었고, 화분의 화려함 정도나 아빠가 분촉을 얼마나 조심스럽게 다루는지에 따라 풀때기 사이에도 마치 계급이 있어 보였다. 난 화분의 행렬 끝에는 돌 수반이 하나 있었는데 꽤 그럴싸했다. 양쪽에서 높이가 다른 두 폭포가 흐르고, 물레방아가 돌며, 옆에는 초가집이, 또 그 옆에는 풍란이 심겨 있었다. 하나의 작은 세계를 이루고 있었다. 어항에는 작게 피어오르는 분수 아래로 물고기들과 가재, 거북이, 우렁이, 다슬기와 같은 각종 수중생물이 살았다. 차가운 타일 바닥에 쪼그려 앉아 어항 안을 한참 들여다보다가 고개를 들면 곡선의 짙은 초록 잎들이 바다의 윤슬처럼 살랑거리며 반짝였다. 아빠가 화분에 물을 주고 난 아침에는 축축하고 비릿한 공기 냄새가 났다. 빛과 바람과 물은 식물의 기본적인 생육조건이기만 할 리 없다. 식물이 빛과 바람과 물을 거느릴 때 완성하는 아름다움은 우리의 둔탁해진 오감을 한 꺼풀 벗겨낸다.

    그 작고 아름다운 정원을 순식간에 잃어버리기도 했다. IMF 경제 위기였다. 10년쯤 지나 발코니를 다시 갖게 되었을 때 아빠는 또다시 돌 수반을 가져다 놓았고, 난 대신 동백나무와 찔레꽃, 국화 등을 화분에 심었다. 나는 돌 수반을 10년 전보다 작게 느낄 만큼 컸고, 아빠는 관엽식물보다 꽃을 더 좋아하는 나이가 된 것이다. 아무튼 시를 쓰기 시작할 무렵, ㄴ는 한 척의 정원에 다시 탑승할 수 있게 되었고, 어릴 적보다 훨씬 오래 시간의 표면을 떠다니게 되었다. 흔들리는 나뭇가지에서 푸드득 날아가는 새를 쫓으면서, 수조에 비친 선명한 얼굴에서 두 눈알을 뽑아다 밤의 창 너머 희미한 얼굴에 붙여주면서, 낮에 들어오는 햇살로부터 갓 탄생한 먼지에 가위를 들이대면서, 돌 밑에 숨어 있는 물고기들의 언어를 탐색하면서. 여기 바닥에 떨어진 동백의 빨간 꽃잎을 주우면 돛이 펼쳐지고, 내부와 외부의 자장에서 벗어나 한 척의 작은 정원이 항해한다. 단, 등 뒤에서 엄마의 나지막한 목소리가 들리기 전까지. 쯧쯧. 아직도 마감이 안 끝났군.

식물의 집

믿고 싶지 않지만, 월급이 들어오면 절반 가까이 식물과 관련된 것들을 사 모으던 때가 있었다. 당시에는 몰랐고, 나중에 계산해보니 실로 그랬다. 식물뿐 아니라 온갖 종류의 흙, 돌멩이, 전지가위, 물뿌리개, 조명, 식물영양제, 화분 같은 것들을 사 모았다. 하나씩 살 때는 그리 큰 금액이 아니었지만, 그렇기 때문에 더 조심해야 했지만, 그때 나는 꽤 오랫동안 진정되지 않는 감정의 양동이를 주체하지 못해 쏟아버릴 창구를 찾아 헤매고 있었고, 그 구멍이 식물(고려담쟁이, 아스파라거스 나누스, 바로크 벤자민 고무나무, 마오리 소포라, 백화등, 무늬 싱고니움, 남천나무, 블루 스타펀……) 쇼핑이었다. 인터넷에서 식물 관련 정보들을 찾아보는 데 시간을 쓰고, 마음에 드는 것이 있으면 고민 없이 돈을 섰다. 의외로 식물보다 화분이 최대 관심사였다. 화분고- 식물을 매칭하는 일에 빠져 있었고, 급기야 식물의 컨디션은 안중에 두지 않고, 미친 듯이 분갈이를 하기 시작했다. 잦은 분갈이에 지쳐 세상을 떠나는 식물들이 속출했지만, 쉽게 그만두지는 못했다. 콘크리트 화분, 플라스틱 화분, 토분, 유약 화분, 동그란 화분, 네모난 화분, ㄱ 화분, 납작한 화분……. 처음에는 이것저것 들이다가 나중에는 취향이 좁혀져 한 화분 트랜드에 정착하기도 했다. 테라코타 화분을 만드는 덴마크 브랜드였는데, 적당히 빈티지한 디자인이 다양하게 나와 마음에 들었다. 키우는 식물보다 빈 화분이 많아진 지는 오래였고, 어느 날 온갖 화분이 방 안에 쌓여 있는 모습을 보고, 내가 무슨 짓을 하고 있는 거지? 싶기도 했지만 역시 멈추지는 못했다.

그러다 우연히 SNS에서 사진 한 장을 보게 되었다. 그동안 보던 화분과는 좀 다른 개념의 모습이었다. 토분같이 보였는데, 다양한 모양의 판이 구조를 이루며 화분 공간을 구획하고 있었고, 심어진 싸리나무의 가지가 화분 부으로 쭉 뻗어나와 있었다. 마치 집 담장 너머의 자유를 꿈꾸는 것처럼. 당장 그 화분을 갖고 싶은 마음만큼이나 만든 사람이 누구인지 궁금하기 짝이 없었다. 화분의 형상에서 풀풀 풍겨오는 분명한 건축의 향기에 가슴이 두근거렸다.

검색 엔진을 총동원하고, SNS의 태그를 따라가며 추적한 결과, 을지로에 위치한 작은 갤러리에 전시된 최인아 작가의 <식물의 궤도> 시리즈 중 하나라는 사실을 알게 되었다. 나는 회사에서 업무를 하다 말고, 앞에 앉아 있는 후배 기자에게 대뜸 "이 화분 너무 멋지지 않아?" 말했고, 후배는 "어! 그 갤러리 제가 아는 분이 운영하는 곳이에요!" 하더니 고맙게도 바로 물어봐주었다. "선배! 그 화분 만든 사람 건축가래요!"라는 말을 듣는 순간 세상에, 너무 기뻐 즉시 갤러리의 SNS로 메시지를 보냈다. 다행히 갤러리에서 연락할 수 있는 방법을 알려주어 최인아 작가와 메시지를 나눌 수 있었다.

──ㅇㅇ갤러리에서 전시하셨던 화분 작품을 보고 연락드립니다. 제가 그것을 구매할 길이 있을까요?
── 혹시 어떤 분위기의 식물을 생각하고 계신가요? (여리여리한 수형, 꽃 피는 식물, 선인장류 등) 화분을 식물에 맞춰 만들고 있어서요.
── 저는 덩굴류나 고사리, 또는 목본류를 좋아해요.

─── 판상형 토분의 경우 물레로 작업하는 방식이 아니라 소성 과정에서 잔금이 생길 수 있는데, 내구성에는 이상이 없지만, 이 부분도 고민해보고 결정해주시면 되겠습니다.
─── 물론 괜찮습니다.

(…)

─── 화분이 완성되었어요. 주소 알려주시면 직접 문 앞으로 배송해놓겠습니다.
─── 작가님 괜찮으시면, 차 한잔만 살짝 하고 가실 수 있을까요?
─── 좋지요!

꽤 크고 무거운 화분을 들고 카페로 들어오는 최인아 작가를 보고 나는 반하지 않을 수 없었다. 청바지에 넉넉한 흰 티를 입고 수줍게 나타난, 나와 비슷한 나이로 보이는 여성 건축가. 건축전문지 기자로 일하며 늘 동년배 건축가, 특히 여성 건축가와의 우정에 목말랐다. 정작 잡지는 내게 그런 기회를 주지 않더니, 생각지도 못하게 식물이 연을 맺어주었다. 우리는 카페에서 화분을 사이에 두고 한참 이야기를 나눈 뒤, "기자와 작가라는 호칭 대신 서로 이름 부르기로 해요" "다음에는 술 한잔해요" 하고 아쉽게 헤어졌다.

집에 와서 화분을 찬찬히 살펴보고 있자니, 인아 씨가 말한 그대로였다. 화분은 두 개의 방으로 이루어진 집이었다. 큰 방에는 아디안텀이, 작은 방에는 아스파라거스 나누스가 거주하는 집. 각자의 땅이 나뉘어 있지만 어떤 지점에서는 연결되어 있는, 벽의 높낮이가 조절되며 사이사이로 바람길이 나 있는 집. 인아 씨는 사람의 집을 설계하듯 식물의 집을 설계하며, 어떻게 두 식물이 함께 살아갈 수 있을지, 식물과 화분이 함께 어떤 풍경을 만들어갈 수 있을지 고민했다고 했다. 화분은 잘 설계된 집처럼 거주하는 식물의 특성에 맞게 사방의 고유한 입면을 갖고 구조적으로, 기능적으로, 미학적으로 나름의 역할을 하고 있었다.

존경하는 한 건축가가 내게 이런 말을 한 적이 있다. "현재의 필요에만 반응하는 것이 건축이라고 생각 안 해요. 건축은 현재를 얼린 결과이지만, 미래에 상황이 바뀌더라도 그 시간을 잘 견딜 수 있어야 한다고 생각해요."

인아 씨가 지은 식물의 집에 대한 나의 믿음이 그랬

던 것 같다. 그 화분이라면 매 순간 환경과 반응하면서 변화하는 두 식물의 삶을 잘 견뎌주고 존중해줄 것 같다는 생각. 아니, 시간이 갈수록 두 식물과 집이 온전한 하나의 풍경으로 향해갈 것이라는 믿음.

믿기지 않지만, 인아 씨의 화분을 갖게 된 이후 빈 화분은 더 이상 쌓이지 않았다. 나는 또 출렁이는 감정의 양동이를 들고 어디에서 냅다 엎어질까 전전긍긍했지만, 무분별한 화분 쇼핑 중독에서만큼은 빠져나왔고, 화분의 표면에 물때가 아름답게 입혀질 정도의 시간이 지났다. 두 식물은 잘 살고 있다. 집이 좀 좁은가? 싶기도 하지만 알아서 다이어트를 하며 잘 적응하고 있는 것 같다. 물론 인아 씨와의 우정도 차근차근 자랐다. 5월에는 인아 씨를 따라 도자기 공방에 가 직접 화분을 만들어보기로 하여, 기대 중이다. 집 설계는 학교를 졸업하고 15년 만에 처음이다. 부디 식물과 화분을 통해 나만의 풍경을 이룩할 수 있기를.

설화가 식물의 이름을
알려주는 방식

도무지 알 수가 없었다. 산책이 주는 아름답고 무용한 유익을. 나의 걷기에는 목적지와 최단 경로와 이어폰만이 있을 뿐이었다. 주변을 소거시키는 데 재능이 있다고 해야 할까. 도시에서 나고 자란 덕분인지 거리에 난무하는 시청각적 기호들로부터 일말의 고통 없이 무감각했다. 가령 엄마가 집에 오는 길 어디에 꽃집이 생겼더라, 그 옆은 공사 중이더라, 또 어느 가로수를 기어코 잘라냈더라, 하고 이야기하면 나는 좀처럼 맞장구를 치지 못했다. 수천 번 다닌 길의 아무것도 떠올리지 못하는 나를 엄마도 나도 순간 황당하긴 했어도, 그것이 별로 문제라고 생각하지는 않았다. 나에게 도시는 유기적으로 연결된 무엇이 아니라 도착해야 하는 수많은 점의 집합이었고, 걷는다는 것은 너무 피곤하고 따분한 행위에 불과했다. 나는 늘 걸음을 멈추고 공간에 머무르는 편을 선호했다.

하지만 '좀 문제인가'라고 생각한 적도 있었다. 책을 읽다 보면, 사람들을 만나다 보면, 특히 글을 쓰는 동료들과 이야기를 나누다 보면, '산책'은 늘 예찬의 대상이 되곤 했다. 몸을 일으켜 깨우고 목적 없이 걷다 보면 마주하게 되는 사유의 맑음⋯⋯. 걷기와 생각의 고귀한 관계를 나만 모르는 듯했고, 그 관계를 깨닫지 못하면 좋은 글을 쓸 수 없을 것 같은 극단적인 생각이 들기도 했다. 그렇다고 산책을 적극적으로 시도하지는 않았다.

서른 중반에 나는 산책을 피할 수 없는 상황에 놓였다. 지금 생각해보면 내가 얼마나 산책을 할 줄 모르는지도 몰랐던 것이다. 설화라는 이름을 가진 사랑스러운 개를 군산에서 서울로 데려오는 동안에도 내내 몰랐다. 설화는 실외 배변만 해왔었는지, 집 안에 배변 패드를 깔아주고 배변을 유도해보았지만, 오줌과 똥을 꾹꾹 참다가 3일째 되던 날 하울링을 했다. 그 모습을 보고 너무 놀란 나는 설화를 안고 나가 아파트 정원에 내려놓았고, 그 즉시 설화는 똥을 세 번이나 쌌다. 태어나서 목줄을 해본 적 없는 설화가 도망갈 위험이 있으니,

산책을 자제하고 조심해달라는 보호사의 말이나 실내 배변 훈련을 하면 편하다는 인터넷 정보는 전혀 중요하지 않다는 것을 깨달았다. 설화와 함께 매일 산책을 나가야 한다는 결정은 쉬웠다. 하지만 산책 첫날, 설화와 나는 아파트 입구에서 옴짝달싹하지 못했다. 급기야 설화는 아스팔트 바닥에 주저앉았고, 나는 꽤 오래 진땀을 흘렸다. 어디로 가야 할지, 어떻게 가야 할지, 어떤 속도로 걸어야 할지, 어디쯤에서 돌아와야 할지 아무것도 모르겠고, 진정 우리에게 산책이 가능한지 막막하기만 해서 설화를 안고 돌아오면서, 눈물이 찔끔 났다. 첫 산책의 기억.

집에서 10분 거리에 있는 경의선 숲길을 주 산책로로 삼은 지 5년이 다 되어간다. 폐기된 철길을 조성해 만든 연남동 경의선숲길은 1.2킬로미터에 달하는 선형 공원이기도 하고 조경이 잘 설계된 편이어서 사람들이 몰리는 시간대가 아니라면 개와 함께 산책하기에 서울에서 이만한 곳도 없다고 생각한다.

산책을 통해 설화가 내게 가르쳐준 것들의 목록을 적는다면 얼마나 될까? 그 목록에서 가장 많이 등장하게 될 것은 식물 이름. 이를테면 이런 식이다.

1. 잘 걷다가 잠깐 뭔가를 놓친 것처럼 몇 걸음 되돌아가가 땅에 코를 박고 킁킁거린다. 발로 살짝 흙을 파내는 시늉을 하더니 냅다 누워 몸을 비벼댄다. 뒤집어 누워 춤을 춘다. 맨흙에서 왜 저러지 싶어 허리를 굽혀 유심히 본다. 팻말에 '노루오줌'이라고 쓰여 있다. 집에 와서 검색해보니, "뿌리를 캐어 들면 오줌 냄새와 비슷한 냄새가 난다고 하여 붙여진 이름"이라고 나온다. 사진을 보니 꽃 가게에서 종종 보던 아스틸베와 같은 것이다. 설화에게 화장대가 있다면 맨 앞에 있을 향수, 노루오줌.

2. 설화는 똥이 마렵다. 아무 데나 볼일을 볼 수는 없으니 구석지고 자연적이고 약간 푸석한 느낌이 나는 곳을 찾는다. 자주 애용하는 식물 변기는 맥문동이다. 맥문동이 심어진 곳이 좀 외지기도 하고, 군락지어 있고, 잎이 가늘고 부드럽기도 하고, 무엇보다 설화의 엉덩이를 찌르지 않을 정도의 높이로 자라서 그런 것으로 짐작된다. 나는 똥을 수거하며 무의식적으로 이게 도대체 무슨 풀이야? 옆 사람에게 묻게 되고, 뭔등, 맥뭐시기, 맹문동 정도로 몇 번 부르다가 결국 제대로 된 이름

을 외우게 된다. 나중에 마당이 있는 집에 살게 되면, 맥문동을 꼭 심어야겠군 생각하면서. 여름이 되면 보라색 꽃이 피고, 겨울이 오기 전에 까만 열매를 맺는다. 꽃과 열매가 있을 때는 설화도 맥문동에 일을 보지 않는다.

3. 벼같이, 붓같이 생긴 풀이 한여름 땡볕에 반짝이는 물결을 이룰 때가 있다. 그 풍경은 사람을 얼마간 환상 속에 머무르게 한다. 하지만 이내 나의 개가 끈을 당기고 꼬리를 한껏 쳐든다. 설화 꼬리랑 똑같네, 그래서 강아지풀이라고 하나? 근데 강아지풀이 이렇게 큰가? 생각하다가 흔들리는 꼬리와 풀을 보며 웃는다. 며칠 뒤 지인이 SNS에 올린 사진을 보니, 수크령이라고 쓰여 있다. 아주 힘센 풀이라고 한다. 가끔 장난으로 냄새 맡기에 심취한 설화의 꼬리를 손으로 잡을 때가 있는데, 꼬리에도 감정이 있는 것처럼 단호하게 내 손을 물리친다. 빛나는 힘센 꼬리 같으니라고.

4. 밤 산책을 하다가 설화가 화단 울타리를 넘겠다고 쳐다본다. 안쪽을 보니 아무것도 없어서 허락

해주었다. 낮은 울타리를 살짝 뛰어넘은 설화가 얼음이 되었다. 가자고 해도 뒷발 하나를 들고 요지부동이다. 왜 그러지, 살펴보니 가시덤불이 설화 배 안쪽 피부와 엉켜 있다. 밤이라 보이지도 않고 손의 감각만으로 조심히 떼어내려는데, 가시 하나를 떼어내면 다른 쪽 가시가 또 엉겨 붙는다. 혹여 설화 피부가 찢어질까 봐 내 손이 아픈 줄도 모르고 겨우 다 떼어내고 집에 돌아오면서, 지난 계절에 그곳에 피어 있던 꽃을 떠올렸다. 찔레장미였다. '장미의 가시'라는 클리셰가 손끝에 붉음으로 맺힌 날이었다.

아직도 도무지 알지 못한다. 산책의 고차원적 유익을. 그저 설화 뒤를 졸졸 따라다니며, 설화가 알려주는 아름다운 것들을 보고 오! 아! 정도의 소리를 가끔 낼 뿐이다. 그렇지만 뭐 어떤가. 매일, 내가 걸으며, 어떤 풍경을 기억할 수 있다니!

10리터의 세계

이 취미의 출처도 아마 아빠일 것. "너도 새우 키워볼래?"라는 친구의 말에 일말의 고민 없이 어항을 방에 들인 것은 어릴 적에 보고 자란 것에 대한 자신감 때문이겠지. 주말에 아빠는 식탁만 한 수조에서 물을 빼내고, 물고기를 옮기고, 모래와 자갈을 씻고, 물을 채우고, 다시 생물들을 입수시키느라 오후 내내 베란다에서 시간을 보냈다. 정비를 다 마친 물속 세상은 꽤 근사하고 좋은 기분이 들었지만, 엄연히 아빠의 취미였고, 단 한 번도 내 어항을 갖고 싶다거나 내 취미가 될 거라 생각해본 적은 없었다. 하지만 20여 년 뒤 내 책상 위에 10리터짜리 수조가 어엿하게 놓이게 되었다.

빈 수조가 왔을 때 책상에 놓아보니, 늘상 쌓여 있는 책들 속에 어항이 파묻힐 형국이었다. 책 기둥을 만들지 않을 재간은 없었고, 어항 위치를 높여야겠다고 생각했다. 책 기둥의 평균 높이 정도로 10리터의 물과 수조 구계를 받쳐줄 튼튼하고 안정적인 선반이 필요했고, 가구를 만드는 친구 민수에게 정식으로 제작 의뢰를 했다. "시집을 꽂을 수 있는 작은 책장이면서, 위에는 어항을 올려둘 수 있는 선반을 만들어줘." 민수는 나의 책상과 어울리는 알루미늄 소재로, 어항의 무게를 잘 견딜 수 있도록 측면이 이중 구조로 된 선반을 제작해주었다. 우리는 선반 이름을 '새우온더북'이라고 지었다.

깨끗이 씻은 모래를 수조에 깔고, 물을 채워 며칠 두었다. 물이 채워진 사각의 공간, 내가 사는 세계와 다른 밀도로 채워진 세계를 보고 있는 것만으로도 기분의 방이 조금은 넓어졌다. 며칠 뒤 친구로부터 새우 몇 마리와 돌 하나오 수초 두 가지를 받아 왔다. 수초 하나는 돌에 뿌리가 붙어 있고 동그란 잎사귀를 가진 아누비아스 나나였고, 하나는 가는 잎이 그물처럼 얽혀 있는 타누키모였다. 아누비아스 나나의 넓은 잎의 앞뒤에서 새우들은 쉬고 있는 것처럼 보였다. 시간이 좀 지나니 잎 위에 새우들의 배설물이 보이기도 했다. 타누키모는 매우 빠르게 몸집을 불려나갔는데, 활착 없이 수중에 떠 있어 물살을 받으며 뱅글뱅글 돌았다. 그러면 거기에 매달린 새우들도 함께 돌았다. 우주를 관망하는 존재가 있다면 지구에 매달려 일생을 뱅글뱅글 도는 지구인들을 이렇게 바라보려나.

그 뒤로 내 어항에는 하나둘씩 다양한 수초들이 들어와 살았다. 강아지 꼬리같이 생긴 붕어마름, 작은 나비 같은 개구리밥, 미니 물배추라고 불리는 피시티아, 톱니 모양의 잎을 가진 하이그로필라 피나디피다, 크리스마스트리 모양의 미니 삼각 모스, 미역처럼 생긴 펠리아 모스, 직접 채집해 온 제주피막이 등……. 책상 앞에 앉아 물의 세계를 조목조목 살피다 보면, 새우만큼이나 수초에 시선이 오래 머무르곤 했다. 보통 흙에 뿌리를 박고 고정되어 있는 공기 중의 식물보다 수중 식물들은 그 존재 방식이 훨씬 다양해 보였다. 어떤 것은 돌에 붙어 있고, 어떤 것은 모래에 뿌리를 내리고, 또 어떤 것은 수면 위에 떠 긴 뿌리만 물속에 담그고 있었다. 그도 아니라면 정처 없이 물속을 헤매고 다녔다. 새우들은 수초들의 각각의 특성을 잘 이용하며 지냈다. 어떤 것은 집의 지붕처럼, 어떤 것은 식탁처럼, 어떤 것은 놀이기구처럼, 어떤 것은 계단처럼, 또 어떤 것은 무덤처럼. 겨우 10리터의 물로 이루어진 세계는 내가 사는 대기권만큼이나 낯설고 익숙한 것들로 우글거리며 하나의 생태계와 풍경을 이룬다.

굴속 풍경에 대해 관심을 갖다 보니 아마노 다카시라는 인물을 알게 되기도 했다. 일본의 전 경륜 선수이자 사진작가였는데, 오지를 다니며 사진을 찍다가 자연 그대로를 수조에 담고 싶어 수초 어항 전문 회사를 설립했다고 한다. 그는 2015년 포르투갈 리스본 해양 수족관에 길이 40미터에 16만 리터의 물이 사용된 세계 최대 네이처 아쿠아리움 작업을 마지막으로 생을 마감했다. 어떤 욕망이 그를 움직였을까? 인간이 절대 거주할 수 없는 물속 세계, 거기에 시선이라도 거하게 하려는 욕망, 자연의 단면을 그대로 자르고 싶은 욕망, 그러나 내가 만든 유일하고 완벽한 풍경을 가지고 싶은 욕망, 그 곁에 오래 머무르고 싶은 욕망······.

오늘도 나의 10리터의 세계를 본다. 현실에 치이고 떠밀리기만 하는 나에게는 작지만 그 어떤 것보다 명징한 세계다.

병기이자
동료이자
죽음이자

내게 꽃이 필요할 때는 주로 낭만의 반대편에서다.

첫 시집을 탈고하기 위해 일주일 정도 친구 집에 머무른 적이 있다. 친구가 고향에 내려가 있는 동안 빈집을 빌려주었고, 나는 그곳에 머무르는 동안 어떻게든 탈고를 하겠다는 결의를 다지며 노트북과 옷가지 등을 챙겼다. 가방을 메고 버스를 타고 가면서, 한숨이 자꾸 나왔다. 시 쓰는 일을 차마 지옥이라고 말할 수는 없겠으나, 양쪽에 보이지 않는 손이 나의 두 팔을 걸어 잠그고 감옥으로 끌고 들어가는 기분이기는 하다. 감옥 문이 철컹 닫히고 나면…… 오로지 홀로 시간을 견뎌야 한다. 참 이상하다. 다른 일들은 시간과 같은 방향으로 출렁출렁 잘도 흘러가던데, 시간과 내가 앞서거니 뒤

서거니 하며 거칠고 무심하게 또 같이 가던데. 시를 쓸 때는 가만히 앉아 시간에 맞서는 느낌이다. 보이지 않는 것과 맞설 때, 그래서 불안하고 두려울 때, 무사에게 필요한 것. 보이지 않는 것을 보이게 해줄 병기.

버스에서 내린 나는 꽃집으로 향한다. 모든 꽃집은 아름답지만, 그렇다고 아무 꽃집이나 가지는 않는다. 인공 염색된 장미가 없으면 일단 합격. 안개꽃과 리시안셔스가 없으면 꽤 괜찮다고 생각한다. 주로 소재로 쓰이는 초록 풀들의 종류가 많으면 신이 난다. 그리고 아직 내가 이름을 모르는 꽃들이 많을 때, 사장님에게 말을 걸기 시작하고……. 마치 무기고에서 익숙한 무기와 새로운 무기를 적절하게 골라 채비하듯 나는 꽃을 골라 나온다.

    이제 세상에서 가장 연약한 병기를 들고 가장 고요한 전투장으로 들어오면, 사 온 꽃다발의 포장을 조심조심 뜯어두고, 꽃과 잘 어울릴 법한 화병을 고른다. 화병에 차가운 물을 조금 받고, 졸졸 흐르는 물에서 한 송이씩 꽃줄기 끝을 사선으로 잘라 차례차례 화병에 꽂는다. 전체적인 높이와 구성을 조금씩 바꿔보면서, 어떤 장면이 완성되었다고 느끼면 글을 쓰는 자리에서 잘 보이는 곳에 둔다. 이 과정은 원고를 마감할 때까지 하루에 한두 번 반복하게 될 행위다.

내가 글을 쓰는 공간에는 주로 식물이 있기는 하지만, 보다 제한된 시간을 갖는 절화가, 그리고 생의 절정에서 죽음을 향하여가는 예민한 절화가 주는 절박함과 아슬아슬함이 있다. 그것은 시를 쓰는 일과도 닮아 있다.

한번은 마감을 임박해두고 작업실에 가면서 꽃집에 들렀는데, 검붉은 작약이 있었다. 조금 피기 시작한 한 송이, 아직 알밤처럼 야무지게 닫혀 있는 한 송이를 사서 작업실에 와 유리 꽃병에 꽂았다. 글을 얼마나 썼을까. 며칠이나 지났을까. 모니터 화면에 눈이 달라붙은 것 같다고 느껴질 때쯤, 어디선가 투두둑— 하고 새의 날갯짓 소리가 났다. 고개를 돌려 두리번거려보니 만개한 작약이 흘린 빨간 눈물이 식탁 위에 흥건했다. 그리고 연이어서 또 울기 시작했다. 후드득후드득 소리를 내면서. 나는 그 장면이 너무 괴기하게 느껴져서 한참을 바라보았다. 대개 식물의 변화는 사진의 방식으로 포착되기 마련인데, 검붉은 작약이 영상의 방식으로 내 눈앞에서 죽음에 이른 것이다.

잎이 다 떨어지고 줄기가 무르고 쾨쾨한 냄새를 풍

기는 꽃의 사체를 잘 처리하고 나면 나의 마감도 끝이 난다. 장렬히 전사할 수 있다. 꽃이 나에게 시간을 보여주어서, 시간의 질감을 시로 옮길 수 있게 해주어서, 시를 쓰면서 함께 폈다가 함께 져주어서, 그리하여 시 쓰는 시간들을 고유한 감각으로 기록해주어서.

유리 유(琉),
유리 리(璃)

어떤 것을 좋아하게 되는 한순간이 있다. 애호의 시발점이 어디인지 추적하다 보면 강렬한 한 장면을 마주하게 되고, 그것은 대개 기억의 앞뒤를 잘라놓는다. 그래서 그 애호에는 합리적인 이유가 붙기 전에 '무턱대고'의 마음이 앞선다. 유리에 대해서는 이런 장면이 내게 있다. 쇠꼬챙이 끝에 매달려 풍선처럼 부풀고 있던 투명한 구. 금방 흘러내릴 것도 같고 불처럼 타오를 것 같기도 한 영롱한 덩어리. 그것은 차갑고 딱딱한 유리가 아니었다. 700도의 몸으로 부풀어 올랐다가 오그라들고, 납작해졌다가 뚝 끊어지기도 하는, 살아 움직이는 것 같은 물질이었다. 화로에 들어갔다가 나올 때마다 불의 붉음을 머금고 나와 사람들의 눈동자에 박혀 이글거리던 유리의 신생 같은 것이 내 눈동자에도 흔적을 남겼다. 열 살이었다. (내 인생의 몇 안 되는 행운이라 여기는) 엄마와의 유럽 여행 중 아마 베니스의 유리 공방에 들른 모양이었고, 그 이후에도 며칠간 좋고 나쁜 것들을 많이 봤겠지만, 유독 그 장면만이 선명하다. 이것은 20여 년의 세월이 흐르면서 서서히 옅어지고 남은 기억 같은 것이 아니다. 그 순간 내 마음을 사로잡기 위해 유리는 나머지를 삭제하고 자신만을 남겼다. 그것은 내 안에서 조용히 살아 있다가 유리로 만들어진 아름다운 사물을 보는 두 눈에 빤짝 나타나곤 한다.

핀란드의 호수와 바다에 영감을 받아 디자인되었다고 하는 사보이 꽃병은 열 살의 내가 보았던 유리의 유려한 곡선을 빼닮았다. 건축가 알바 알토가 1936년 사보이 호텔의 인테리어를 맡으면서 레스토랑에 놓을 용도로 디자인하여 '에스키모 여자들의 가죽바지'라는 이름을 붙여 선보인 이후 이제 핀란드의 국민 꽃병이 된 사보이 꽃병. 나는 사보이 꽃병이 출시된 지 약 80년이 지나서야 닿게 된 셈이다. 몇 년 전 전시회를 연 한 건축가 부부에게 해바라기 몇 송이를 선물한 적이 있다. 다음 날 그들로부터 사진 한 장이 왔는데, 물결 모양의 짙은 블루 유리병에 해바라기가 툭 꽂혀 있는 사진이었다. 일반적인 형태의 꽃병이 아니었기 때문에 그것이

언젠가 주위들은 알바 알토의 꽃병이라는 사실을 직감했고, 그 순간에 역시 해바라기는 지워졌다. 그 후 나는 여러 미술관 숍이나 디자인 숍에서 사보이 꽃병을 탐했고, 여러 번 결제를 시도하려 했으나 가격 때문에 번번이 머뭇거렸다. 그러나 사보이 꽃병은 지불 없이 나에게 왔다. 생일날, 사랑했던 사람으로부터. 슬프게도 사랑은 별안간 유리처럼 깨졌지만, 사보이 꽃병은 내 방에서 가장 안전한 곳에 잘 있다. 꽃은 어디에나 꽂아도 아름답고, 사보이 꽃병은 무엇을 꽂아도 아름답다. 심지어 무엇을 꽂지 않아도.

어떤 것을 좋아하게 되면 그 존재에 대해 골똘해지곤 한다. 사보이 꽃병의 물기를 닦으며 나는 생각한다. 유리 유(琉)에 유리 리(璃). 앞뒤가 다 유리라니⋯⋯. 그렇게 투명하니까 자기모순도 생기는 거다. 경계를 지으면서도, 통하는 것. 물리적으로 막혀 있지만, 시각적으로 뚫려 있는 것. 다 알게 하지만, 훼손할 수 없게 하는 것. 때로는 우리를 속이고, 날카롭게 부서지는 것. 그래서 우리는 검붉은 포돗빛이 비치는 와인잔을 준비하고, 빛이 들 곳과 바라볼 곳에 창을 내며, 귀중한 그림에 유리를 덮어 액자에 끼우고, 종종 유리문에 이마가 부딪치는 부끄러움을 범하며, 유리가 깨진 바닥에서 설

불리 움직일 수 없는 것이겠지…… 생각하면서, 조심히 (꽃병을) 제자리에 놓아둔다.

자연이라는 잠언

"수목원이요?"

"제주도요?"

거절의 완곡한 방식을 고민하며 나간 자리였다. 회사를 다니고 있을 때였고, 주말에는 내 글을 쓰기에도 바쁜 나날이었다. 선배로부터 전달받은 내용은 "동료 큐레이터 중에 아버지 팔순을 맞아 자서전을 내고 싶어 하는 분이 있다"는 것과, 일단 만나서 자세한 이야기를 나누길 원한다는 것이었다. 큐레이터분과 삼청동에 있는 카페에서 만나 인사를 나눌 때만 해도 할 수 있는 이야기를 해드리되, 일을 맡는 건 어렵다고 해야겠다는 생각뿐이었다. 그런데 "저희 아버지가 오래전부터 수목원을 만들어 운영하고 계세요"라는 말을 듣는 순간 머릿속이 깨끗해지면서 느낌표 하나가, "제주도에 있어요"라는 말을 들었을 때 느낌표 두 개가 깜빡였다. 마치 나는 이미 책을 만들기로 결정한 사람처럼 떠오르는 기획 아이디어들을 마구 떠들어댔고, 전형적인 자서전이 아닌 구술 채록과 정원의 이미지가 결합된 책의 꼴까지 제안하다가, 아차 싶어 괜히 앞에 있던 케이크 한 조각을 입에 욱여넣었다.

"아 그런데, 제가 이 일을 할 수 있는 상황은 아니어서요. 며칠만 더 생각해보고 다시 연락드려도 될까요?" 하고 돌아와서는, 나는 고사할 이유 대신 수락할 이유를 찾았고, 기획과 출판을 위한 인력 구성을 내가 꾸릴 수 있다면 가능하겠다는 결론을 내렸다. 그렇게 나는 한 개인이 황무지에 동백나무 한 그루를 심기 시작해 6만 평의 정원을 일군 이야기, 그리고 그 정원의 사계절과 면면들을 펼쳐 보일 책을 만들게 됐다.

그곳은 남쪽으로는 산방산과 송악산, 군산이 내려다보이고, 북쪽으로는 한라산이 올려다보이는 중산간 지역에 위치한 동백 정원이었다. 기획과 편집 총괄을 맡은 나, 구술 채록과 편집을 맡은 후배 기자, 그리고 사진작가는 한 달에 한 번씩 제주도에 내려가 2~3일 정도 머무르며 약 1년간 인터뷰와 촬영을 밀도 있게 해나갔다. 처음에는 밀린 일에 치여 밤을 새우는 와중에 비행기를 타고 제주에 간다는 사실만으로도 머릿속을 뒤집어 햇볕에 말리는 기분이 들었다. 몇 차례 오가다 보니, 올 때마다 한구석도 빠짐없이 변해 있는 정원의 모습을 보게 됐다. 사진작가는 분명 여러 번 찍은 장소를 또 찍어야 하는 곤혹을 토로했지만, 카메라에 매번 새로운 모습이 담길 때마다 나는 마냥 웃음이 났다.

  어느 날은 동백나무 한 그루가 푸드덕 떠는 모습을 보게 되었는데, 자세히 보니 그 안에 수십 마리는 되어 보이는 동박새가 꽃에서 꽃으로 옮겨가며 꿀을 먹고 있었다. 동백나무가 몸을 떨던 형상과 소리가 며칠간 나를 끈질기게 따라왔고, 책을 만드는 동안 겪게 될 자연의 경험이 앞으로 내가 살아갈 시간의 저변에 짙게 깔리리라는 것을 직감할 수 있었다. 그것은 개별의 식물로부터 경험되는 미시적 세계라기보다는 땅과 바람, 식물과 동물, 그리고 인간이 어떻게 관계 맺고 어떤 순간에 서로를 덮치고 뒤집어지는가에 대한 총체적 세계의 경험이었다. 이를테면 이런 경험. 동백 정원의 북쪽으로 아직 개장하지 않은 땅을 둘러볼 기회가 있었다. 안개가 짙은 날이었고, 인간의 손을 타지 않은 숲 사이로 관리를 위한 최소한의 길이 거칠게 나 있는 땅이었다. 안개 때문인지, 더욱 미지의 공간에 입장한 것처럼 느꺼졌다. 두텁게 쌓인 안개층 위로 짙은 초록의 나무 머리들이 보였고, 제주 특유의 검은 바위들이 나타났다가 사라졌다. 느릿게 한 시간쯤 걸었을까? 알게 되었다. 그동안 내가 안개를 시각적인 질료로만 인식해왔다는 것을. 내 몸은 습기를 머금은 돌처럼 하나의 촉각 세포가 되고 말았다. 이 촉각은 비단 안개뿐 아니라 내가 밟고 지나온 흙, 간간이 불어온 바람과 팔뚝을 스치던 나뭇잎, 그리고 어디선가 들리는 새소리가 동시에 만들어낸 것이었다. 자연 안으로 걸어 들어가는 몸에게만 허락되는 무엇.

시인 기형도의 유일한 시집, 그 첫 장에 적힌 시작 메모를 좋아한다. 밑줄 그어놓은 문장은 이것.

> 나는 한동안 무책임한 자연의 비유를 경계하느라 거리에서 시를 만들었다. 거리의 상상력은 고통이었고 나는 그 고통을 사랑하였다.

나 역시 무책임한 자연의 비유를 경계하고 싶었고, 지금도 역시 자연과 접촉할 때 습관적인 감탄을 하거나 거대한 잠언에 압도되어 개인의 시적 언어를 잃지 않으려고 노력한다. 하지만 지금의 나는 그 뒤에 이어지는 문장에 밑줄을 긋고 만다.

그러나 가장 위대한 잠언이 자연 속에 있음을 지금도 나는 믿는다. 그러한 믿음이 언젠가 나를 부를 것이다. 나는 따라갈 준비가 되어 있다.*

---

* 기형도, 「시작 메모」, 『입 속의 검은 잎』 (문학과지성사, 1989)

보이는 것을
보는 눈

시를 쓸 때면 무언가를 노려보았다. 보이는 것을 질료 삼아 보이지 않는 세계의 문턱을 넘는 일, '낯설게 하기' 전에 수행되는 '관찰하기'에 있어 능수능란까지는 아니더라도 꽤 훈련이 되어 있다고 생각했다. 2021년 가을, 김경터 작가의 두 번째 개인전 <컴핑 서피시스(Bumping Surfaces)>(두산갤러리)를 보기 전까지는 전시장 입구에 들어서면서부터 나오기까지 내가 경험한 '본가'의 과정을 느슨하게 전개해보자면 이렇다.

1. 전시장에 들어가기 전, 외부에 걸린 하나의 작품을 보게 된다. 노란색 꽃의 뒷모습.

2. 입구에 들어서면 내 키보다 큰 튤립 한 송이가 찍

힌 사진을 마주한다. 가까이 갈수록 꽃잎의 표면과 질감이 눈에 들어온다. 꽃잎은 진짜 같았는데, 테두리 부분은 천을 자른 것처럼 거칠다.

3. 작품에 바짝 다가가니 꽃잎 표면에 실오라기 하나가 붙어 있는 것이 보인다. 조화였던 것이다. (자연스럽게 진짜와 가짜에 대해 생각한다. 복제품과 대용품이 갖는 의미에 대해서도.)

4. 그 옆으로 전시장의 벽을 따라 내 침대보다 커 보이는 작품이 연달아 걸려 있다. 조화의 일부가 크게 확대된 것으로 보이는 작품들이었는데, 전체적으로 추상화처럼 색과 형태의 구도가 두드러졌다. 하지만 각 작품 앞에 서면 조화를 구성하는 각기 다른 표면의 질감들이 튀어나왔다. (시각의 촉각화, 스케일 변화를 통한 낯설게 하기와 같은 개념을 떠올린다.)

5. 한눈에 작품이 들어오지 않을 정도로 가까운 거리에 서서 눈알을 굴리며, 작품 위에 앉은 한 마리 곤충처럼 사진을 훑다 보니 또 다른 것이 보인다.

원단 조직의 치밀함 정도 같은 것. 어떤 것은 성기고 어떤 것은 촘촘하고, 어떤 것은 울퉁불퉁하고, 어떤 것은 매끈하다. 재료와 재료 사이에 삐져나온 본드 자국, 달라지는 염색의 농도, 재료마다 갖는 고유한 조직 등……. 정밀해서 놀라고, 조악해서 놀랐다. 집에 있는 식물들을 떠올려본다. 한눈에 들어오는 형태와 색깔 이외에, 각 구조가 어떤 방식으로 연결되어 있는지, 꽃잎과 꽃받침의 질감이 어떻게 다른지 도통 떠올릴 수 없다. (그 와중에도 전시장을 거닐며 여전히 생각한다. 나는 여기서 무엇을 보아야 하지? 이 작품들에 담긴 의미는 무엇일까? 어떤 감정을 느껴야 할까?)

6. 또 다른 작품 앞에 서니, 둔득 사진의 선명도에 꼼짝없이 몸이 갇힌다. 이것에 대해선 사전에 공부를 좀 해왔다. '포커스 스태킹(focus stacking)'은 이 작가가 자주 사용하는 촬영 기법인데, 과학 분야에서 많이 사용된다고 한다. 사물을 근접해서 촬영할 때 초점을 맞춘 부분은 선명하고 그 외에는 흐려지는데, 각기 다른 곳에 초점을 맞추어 여러 장의 사진을 찍은 뒤, 이를 한 장으로 합성하는

것이다. 결과적으로 사진 전체에 초점이 맞춰진 선명한 이미지가 된다.

7. 신기한 점은 이것이다. 그렇게 모든 곳에 초점이 맞춰진 커다란 사진 앞에서 내 눈은 다시 부분 부분에 초점을 맞춰가며 전체를 순차적으로 파악한다는 것. 작가가 카메라 렌즈를 통해 사물을 관찰했던 과정 자체가 한 장의 이미지로 합쳐졌다가, 작품을 보는 내 눈을 통해 그 시간이 다시 단계적으로 풀어진다. 작가의 '보는 눈'이 관객에게 이식되는 순간이다.

8. 이식된 눈을 통해 서로 다른 표면이 부딪치며 증폭되는 이질의 감각에 나는 그대로 노출된다.

9. 이쯤 되니 머리를 긁적이게 된다. 사유로 위장한 게으르고 습관적인 괄호 안의 질문들이 무색하여서. 애초에 작가는 작품을 경유하여 저기 멀리 떠 있는 의미의 구름들을 가리키지 않았으므로. (눈으로 작품을 보고 있으면서 무엇을 보아야 할지를 묻다니! 시를 읽고 시의 의미를 한 줄로 요약

하고자 하는 것과 일맥상통하려나.) 적어도 이 전시장에서는 예술 사진이라는 매체가 보통 거느리는 기억, 진실, 서술, 암시와 같은 단어들과의 고리는 끊어지고, 보는 행위만이 공유된다. 보이는 것을 보는 눈을 새롭게 체득한 나는 앞으로 보게 될 세계의 각종 부위들을 생각하며 즐겁게 전시장을 나온다.

전시는 내가 그동안 보이는 것 이면의 보이지 않는 것을 보는 일에 심취한 나머지 보이는 것을 잘 관찰하는 일을 실은 얼마나 하대해왔는지, 보는 척하면서 의미의 층위로 얼마나 기계적이고 습관적으로 쉽게 도약해왔는지 단박에 알려주었다.

얼마 전 초로백내장 말기 진단을 받고 수술을 했다. 20분이라는 짧은 시간이었지만 눈을 뜨면 보이고, 눈을 감으면 보이지 않는 너무 당연한 원리에 익숙한 내게 각막을 절개하고 인공 수정체를 삽입하는 동안 뜬 눈으로 시야가 사라지는 경험은 오싹했다. 혼탁해진 수정체를 걷어내고 새로운 인공 수정체를 삽입한 후, 설레는 마음으로 병원을 나왔다. 전시장을 나올 때처럼.

요즘 보이는 것을 뒤덮고 있는 통속적인 환유의 껍

질들을 벗겨내고, 보이는 세계를 있는 그대로 잘 관찰하고자 애쓴다. 보이는 것과 보이지 않는 것 사이에서 언어를 찾는 일을 여전히 사랑하는데, 양 눈의 시력이 각각 온전해야만 강력한 하나의 초점이 생긴다는 것을 알았기 때문이다.

자연이 자연에게
돌려주는 방식

싱그러운 꽃과 나무들 사이에 가끔 죽어 있는 것이 그림자처럼 놓여 있었다. 때로는 누군가 구분별하게 방치해둔 것처럼, 때로는 누군가 각별히 조각한 것처럼, 때르는 지구 바깥에서 날아와 착륙한 것처럼.

숲에서 죽은 나무나 나뭇가지를 함부로 제거하면 안 된다고 한다. 죽은 나무가 보이지 않는 생태계의 이동 경로이기 때문이다. 수백만 마리의 미생물들이 거기에 살면서 숲에 필요한 유기물들을 생산해 내고, 습도를 조절하기 때문이다. 실제로 죽은 통나두 아래의 땅과 그렇지 않은 땅의 미생물 수의 차이는 열 배 이상이 난다고 한다. 죽은 나무가 있는 땅에서는 식물들이 건강하기 생육하그 발육하며 살아가며, 어뜬 순간에 죽음으로 그것을 다시 돌려준다. 죽음이 삶에게 생명을 공급하고, 삶이 죽음에게 의지하는 방식이라니, 자연의 숭고한 사회. 인간은 그 사회로부터 태어났지만, 스스로 그 사회를 저버렸다. 죽은 통나무를 가져다 기껏해야 자신의 손을 데울 땔감으로 쓰면서. 누군가 그것을 빌리고자 할 때 날카로운 이를 드러내면서.

얼마 전, 아파트 단지 입구에 쭉 늘어서 있던 나무들이 약 20센티미터가량의 밑동만을 남긴 채 모두 절단된 사건이 있었다. 나무들과 접해 있던 집의 거주자들이 무엇이 대단히 불편했는지 민원을 넣은 결과였다. 나는 절망스러운 마음으로 남은 나무의 밑동을 한참 바라보았다. 매끈하게 절단된 나무의 단면에는 촘촘한 나이테가 선명히 드러나 있었고, 그 사이로 알 수 없는 진액들이 흘러나와 굳어 있었다. 짐작건대 스무 살에서 서른 살 정도의 나이를 가진 나무였던 것 같다. 나는 일과를 마치고 집으로 돌아올 때면 늘어선 나무들이 저녁 하늘을 쓰다듬는 걸 목격하곤 했다. 그리고 하늘이 매일 다른 모양의 달로 응답하는 것도. 내가 인간이어서 자연을 의인화하는 데 익숙한 탓이겠지만, 어쨌든 나는 받았고, 아무것도 돌려주지 못했다.

들과
창고 사이에서

"파란곳간이라고 있어요."
건축가는 얼마 전 자신이 작업한 프로젝트에 대해 이야기를 시작했다. 전북 부안에 위치한 작은 공간이며, 창고를 리모델링한 문화예술 공간이자 카페라고 했다.
"남매가 연락이 와서는 생전 농부셨던 아버지의 소중한 공간을 통해 아버지를 기억하고 싶다고 했어요."
그는 계속 이야기를 이어가며 핸드폰으로 거의 완공된 파란곳간의 사진들을 보여주었다. 이미 한국 건축계에서 많은 성취를 이룬 그가 주로 설계하는 건물의 규모에 비하면 아주 작은 공간이었고, 그간의 작업들에서 특별하게 벗어난 건축 언어도 아니었다. 건축가 역시 건물 자체보다 이를 둘러싼 상황과 환경들에 더 매혹되어 있는 것 같았다.

"한번 가서 건축주와 이야기 나눠보세요. 좋은 분들이에요."

서울에서 부안까지는 250킬로미터, 세 시간 남짓 가야 했고 별다른 명목도 없었지만, 그냥 가게 되었다. 엄마와 설화까지 차에 태워 함께 갔다. 설화가 멀미를 하는 바람에 휴게소마다 들러 공기도 쐬고 주전부리도 먹어가며 다섯 시간 만에 부안에 도착했고, 엄마와 설화는 먼저 숙소에 내려주었다.

논과 작고 낮은 집들이 땅을 나눠 가지며 길이 이어지는 곳에 파란곳간이 있었다. 주위의 다른 집들처럼 파란곳간 역시 단층의 골강판 지붕을 가진 소박한 모습을 하고 있었다. 그 안은 옛 창고의 부재와 새로 덧댄 마감재들이 서로 조화를 이루고 있었고, 그 뒤로는 파란 익스펜디드메탈을 입은 철골조 공간이 새로 조성되어 있었다. 익스펜디드메탈의 틈 사이로 햇빛이 걸러져 들어오고, 입구에서부터 안쪽 마당까지 공간은 분할되어 있었지만, 통로를 투명하게 조성한 덕에 시야는 트여 있었다. 마당 너머로는 또 다른 새로운 숙박 공간이 있었는데 벽체를 짚으로 채워 넣어 마감하여 전원 특유의 분위기가 물씬 났다. 건축가의 능숙한 손길이 느껴졌다. 특히 옛 창고 공간은 세련되고 현대적이면서도 부분부분 옛것이 그대로 박제되어 있었다. 이를터면 최소한의 구조 기능을 하는 나무 보와 트러스며, 검박하게 뚫려 있는 창에 덧댄 나무 창틀 같은 것들이 작품처럼 존중받고 있었다. 기억으로서 말이다. 하지만 이러한 건축 어휘가 내게 낯선 것은 아니었다.

서 남매 중 첫째 딸인 김서연 씨가 카페 일로 바쁘게 손을 움직이면서도 나를 반갑게 맞아주었다. 손님들이 많ㅇ- 잠시 혼자 커피를 마시고 있는데, 어느새 서연 씨가 내 곁에 와 "한번 둘러보시겠어요?" 했다. 건축가를 찾아가게 된 이유와 과정, 공간의 특징들을 설명하면서 우리는 옛 창고 공간, 증축 공간, 중중 마당을 지나 숙소동까지 기르렀고, 숙소동 뒤로 야트막한 언덕 위로 서연 씨가 올라가 앉았다. 그 너머에는 끝이 잘 가늠되지 않는 너른 들판이 펼쳐져 있었는디…… 그것은 그야말로 파란 들판이었다. 그러니까 초록의 파랑이 아닌 진짜 파랑! 수레국화밭이었다. 나는 일렁이는 수레국화 파도에서 눈을 떼지 못하고 서연 씨 옆에 앉았다. 서연 씨 역시 그 파도를 바라보며 말했다.

"아버지가 저희 어렸을 적 손수 심으셨던 수레국화예요. 아버ㅈ 가 돌아가시고 나서 유품들과 이 창고의 농기계들을 정리하는데 도저히 처분할 수 없겠더라고요. 이곳이 저희한테는 놀이터였고, 아버지와의 추억이 많았거든요. 그래서 이 공간을 통해 아버지를 기억하고 지속하기 위해 서울에서의 생활을 정리하고 내려오게 되었죠."

서울에서 태어나 평생 서울의 곳곳을 옮겨 다니며 살아온 나는 누군가와의 기억을 강력하게 붙들고 있는 공간이 있다는 것이 놀라웠다. 더불어 자신들의 업과 생활을 뒤로하고 내려올 만큼 아버지에 대한 그리움의 크기도 잘 가늠되지 않았다. 잘 이해되지 않는 어떤 의문의 공백이 느껴지려는 찰나, 서연 씨가 말을 이어갔다.

"아버지의 죽음이 잘 이해되지 않았어요. 꽤 오랫동안 그 이유에 골몰해 있었죠. 도대체 아버지가 왜……하고요. 아직도 이해되지 않지만, 이 공간을 재생시키면서 우울감에서 많이 벗어났어요. 창고와 들이 아버지와의 기억을 건강하게 만들어요. 희망이 되고 싶어요."

서연 씨는 여전히 수레국화밭을 바라보고 있었고, 나는 고개를 끄덕이는 것 말고 어떤 말도 할 수 없었다. 바람이 살랑살랑 불어왔고 날파리 같은 것들이 몰려와서 우리는 급히 자리를 옮겼다.

숙소에서 하룻밤을 보내고 엄마와 설화를 데리고 나

는 파란곳간에 다시 들렀다. 이렇게 강력한 기억과 희망의 파란 꽃밭과 파란 공간을 보여주고 싶었다. 수레국화와 함께 엄마의 치마가 살랑거렸고 수레국화의 틈 사이로 설화의 귀가 펄럭였다.

방 밖의 방

 작은 발소리가 점점 가까이 들리다 내 앞에서 멈춘다. 침대에 누워 있던 내가 고개를 살짝 들고 내려다보면 나의 개 설화가 나를 물끄러미 쳐다보고 있다. 내 발밑에 자신이 누울 자리를 마련하라는 명징한 요구. 다리에 엉겨 있던 이불을 평평하게 펼치고서야, 설화는 폴짝 침대에 올라와 자리를 잡고 웅크린다. 나는 방 안으로 들어온 사랑에 대해 생각한다. 한 존재를 이루는 소리, 움직임, 냄새, 눈빛을 절대 잃고 싶지 않다는 마음 때문에 먼 슬픔이 방 안에 머문다. 설화의 이마에 손을 대면 따뜻하게 눈 감기고, 코에 코를 맞대면 차갑게 눈 녹는다. 마주 보고 누우면 쿰쿰한 발냄새가 이불 덮는다.

 천둥소리에 설화가 몸을 바들바들 떤다. 혀를 길게 빼고 안절부절못하면서 집 안을 맴맴 돈다. 괜찮다고 말해주어도, 안아주고 등을 쓰다듬어주어도, 내게는 있는 믿음이 설화에게는 없다. 저 천둥이 아무리 요란해봤자 내 방을 파괴하지는 못한다는 믿음. 설화에게 안전한 방의 믿음을 알려주고 싶지만, 매번 실패다. 하지만 설화는 매일 내게 알려주기를 성공한다. 방 밖에 대한 믿음을 매번 보여준다. 방 밖에는 방 안과는 다른 종류의 기쁨이 도처에 깔려 있음을. 부지런히 네발을 움직일 때, 기쁨의 반경도 넓어진다는 사실을. 무더위와 소나기는 결국 지나간다는 것을. 나는 방의 경계를 넘어서는 일에 영 소질이 없었다. 방이 나를 키우고, 지켜주고, 보살핀다고 느꼈다. 혼자만의 슬픔에 질식하는 자리가 방이라고 해도 괜찮다고 여길 만큼 방을 사랑했다. 방 밖에 내 자리가 있다고 생각해본 적은 단 한 번도 없다. 하지만 설화가 내 방에 들어온 이후로 매일 아침과 저녁, 하루에 두 번씩 우리는 방을 나선다. 아파트의 공동 현관 자동문이 열리면 설화는 그날의 방향을 결정한다. 첫걸음의 방향에 따라 대략적인 산책 코스가 바뀌는데, 그것을 스스로 결정하는 모습을 볼 때마다 정말 놀랍다. 나는 웬만하면 설화의 의사를 따라주고, 그 신나는 귀와 엉덩이의 흔들거림을 쫓아간다. 가끔 설화는 나무와 풀이 우거진 곳에 땅을 파는 시늉을 하다가 몸을 동글게 말고 털썩 앉아버릴 때가 있다. 내가 당황하여 목줄을 잡아당기며 가자고 말해도 "여기가 원래 내 방이야"라고 말하는 것처럼 도통 움직이지 않는다. 잠시 동안 나는 억울하고 슬프다. "거기 네 방 아니야. 내가 그렇게 노력했는데 아직도 모르겠어? 이제 내 방이 네 방이라고." 몇 분을 달래다 보면, 수긍하겠다는 듯이 벌떡 일어나 미련을 두지 않고 신나게 또 발걸음을 옮긴다. 설화와 나의 언어는 서로 다른 기호를 가지고 있으므로, 설화에게 그 이유에 관해 나는 평생 설명 듣지 못할 것이지만, 설화의 마음을 짚어보자면 이렇다.

설화는 생후 2개월 추정일 때 논두렁에서 오빠 강아지와 함께 발견되어 구조되었다. 아마 떠돌이 개의 새끼일 거라고 보호소에서는 추측했다. 논두렁의 짚 더미에서 태어났을 설화는 어미 개로부터 배웠을 것이다. "여기가 우리 방이야." "그리고 어느 곳이든 우리의 방이 될 수 있어." 나 역시 설화에게 배운다. "우리가 걷고 있는 곳이 우리의 방이 될 수 있어."

설화와 함께 매일 산책을 한 지도 어느덧 3년이 좀 넘어가면서, 내게는 신기한 변화가 생겼다. 동네 곳곳에 나의 휴식을 심어둘 수 있게 된 것이다. 매일 모양을 달리하는 저녁달, 꽃을 마주 보고 있는 벤치, 볕이 잘 드는 카페, 단지 안의 놀이터……. 그곳에 앉아 설화를 쓰다듬으면 미소를 짓게 된다. 그 순간 우리를 둘러싼 안온한 입방체는 우리가 일어서면 또 홀연히 사라진다. 산책을 ㄷ치고 집에 돌아와 손과 발을 닦고 방 안에 들어오면 설화가 따라 들어온다.

시선의 산책

베를린으로 가는, 정확하게는 베를린에 가기 위한 경유지인 프랑크푸르트로 날아가는 비행기 안에서 나는 좀처럼 들뜨지 못했다. 열세 시간의 비행 동안, 원고지 50매 분량의 에세이 원고, 그리고 총괄하고 있는 건축 잡지의 마지막 기사 세 건과 편집을 마무리해야 했다. 이미 마감일을 많이 미뤄온 일들이었다. 그러니까 사실은 베를린에 가지 않는 것이 옳은 일이었다. 알고 있었다. 이것이 옳지 못한 행동임을. 베를린에 도착하기 전까지 과업을 해내지 못하리라는 것을.

밤 12시쯤 베를린 브란덴부르크 공항에 도착하니, 친구 부부가 마중 나와 있었다. 호텔에 도착하니 새벽 1시경이었고, 커다란 창문 쪽에는 보라색 튤립 한 다발이 놓여 있었다. 친구가 준비한 웰컴 플라워였다. 하지만 나는 그 환영에 응답할 여력이 없었고, 대신 노트북을 켤고 원고를 써 내려갔다. 아침이 밝아왔고, 여전히 단 하나의 원고도 끝내지 못한 채 친구 부부와 함께 길을 나섰다.

첫 목적지는 미스 반 데어 로에가 설계하고, 얼마 전 데이비드 치퍼필드가 리노베이션한 신국립미술관(Neue Nationalgalerie)이었다. 이 건축물 때문에 베를린에 오고 싶었다. 건축을 공부하는 동안, 그 이후에도 어디서나 자주 언급되는 미스의 대표작이자 생의 마지막 작품. 지하철 쿠르퓌르스텐스트라제 역에서 15분 정도를 걸으니 작은 강을 건너는 다리가 나왔고 그 뒤로 사진으로만 수없이 봐왔던 검고 납작하고 날카로운 신국립미술관의 모습이 보였다. 미술관 안으로 들어서니 수평의 넓은 지붕을 떠받치는 얇은 철골 기둥 사이로 도시의 풍경이 파노라마처럼 펼쳐진다. 몇몇 사람들이 기둥에 등을 기대고 앉아 이야기를 나누고, 책을 읽기도 하면서 풍경에 기꺼이 속하는 것을 보면서……, 문득 마감하지 못한 원고들을 떠올린 나는 급속도로 괴로워졌다. 꾹꾹 찔리는 마음 한 덩이를 한 손에 꼭 쥐고, 나는 꿋꿋이 작품을 둘러보았다. 나머지 한 손으로 사진도 찍어가면서. 숙소로 돌아오는 길에는 두유리드미?(Do you read me?)라는 서점에도 들러 여러 건축책을 들춰보았다. 갖고 싶고 읽고 싶은 책들이 많았지만, 여전히 나의 한 손은 죄책감의 탈출을 막는 데에 여념이 없었고, 호텔 안에 들어와 가방을 내려놓는 순간, 억지로 움켜쥐고 있었던 괴로운 마음이 순식간에 펼쳐지며 방을 집어삼켰다. 나는 라디에이터 쪽으로 터벅터벅 다가가 창문을 열었고, 밤의 중정이 거기 있었다. 건물로 둘러싸인 작은 숲, 혹은 공원, 혹은 네모난 구멍인 그곳은 나의 자책을 앉혀놓고 타이르기에 좋아 보였다. 중정을 둘러싼 건물의 창문들은 저마다의 빛깔을 지니고 있었다. 하얀빛, 노란빛, 붉은빛, 보랏빛……. 그리고 가끔 어떤 존재들이 움직이곤 했다. 창의 빛들이 하나둘씩 잠드는 동안 나의 시선은 오래 산책했다.

그렇게 베를린에서의 이틀날, 사흘날이 지나가고 친구들과 함께 인터바우(Interbau 1957) 공동주택 단지, 제임스 시몬 미술관(James-Simon-Galerie), 시오 베를린(C/O Berlin), 킨들(KINDL) 현대미술센터 등 역사와 현대의 조화가 아름다운 건축물들을 보러 다녔다. 동네 곳곳의 서점에 들르는 것도 잊지 않고. 하지만 베를린 시내 곳곳을 누비는 두 발과는 상관없이, 내 마음은 어둑한 중정을 맴돌고 있을 뿐이었다. 사흘째 되던 날 아침, 기어코 잡지의 발행인으로부터 문자 한 통을 받았다. 더 이상 기다릴 수 없고, 실망했다는 내용이었다. 베를린 시간으로 1월 1일 아침이었다. 나는 창문을 열고 중정을 오래 바라보았다. 지난여름부터 나타난, 소위 말하는 번아웃의 상태로 지금 여기, 베를린까지 도망쳐 왔다는 생각. 타인으로부터, 그 무엇보다 스스로에 대한 신뢰를 완전히 저버렸구나, 생각하며 ㄴ의 시선은 중정을 돌고 또 돌았다. 그 후에도 나는 친구들과 도시를 걸으며 많은 건축물과 풍경을 통과했다가, 다시 홀로 중정 앞에 서기를 반복했다. 어떤 것으로부터 외면하기 위함이 발의 산책이었다면, 끔찍하더라도 마주하기 위함이 시선의 산책이었던, 베를린의 산책을 그렇게 기억하고 있다.

캣스케일

역병이 창궐하자 인류는 긴장한 듯 움츠렸다. 그러나 역병이 쉬이 수그러들지 않자 인류는 거리로 나왔다. 역병과 싸우겠다는 듯이. 마스크를 벗고, 침을 뱉으며, 보란 듯이 맞잡은 손을 높이 들어 올리면서 시위했다. 그러나 그것은 곧 인간 자신과의 싸움이었다. 몸을 내어준 숙주의 운명이란 그런 것이다. 평균 한 가구당 한 명 이상이 목숨을 잃고 나서야 인간은 각자의 집으로 돌아갔다. 더 이상 거리로 나오지 않았다. 도시의 주인이 사라졌다. 정확히 말하면, 보행자가 사라졌다. 이것은 미래의 이야기가 아니다.

사람들은 건물(주차장)에서 건물(주차장)로 개인 자동차를 타고서만 이동했다. 보행자가 없었으므로 횡단보도와 신호가 무의미해졌고, 보행자가 없었으므로 건물의 1층은 모두 문을 닫았으며, 보행자가 없었으므로 그들의 반려견도 사라지고 보도블록 사이로 잡초만 무성해질 뿐이었다. '보행친화도시'를 꿈꾸던 서울의 비전은 그야말로 무색하기 짝이 없게 되었다. 보행자가 없었으므르……

행인들이 추방된 거리를 점령한 것은 다름 아닌 고양이였다. 그들은 인간 다음으로, 아니 어쩌면 인간들보다 도시를 더 잘 아는 존재로서, 바이커스에게 돈을 내어주지 않은 존재로서 당당히 등장했다. 사실 등장이라는 말은 틀리다. 그들은 원래 도시에 있었다. 그것도 아주 오랫동안 구석구석마다. 인간이 몰랐을 뿐이고 모른 척했을 뿐이고, 혹은 거슬려했을 뿐이다.

고양이의 몸을 욕망하게 된 건 아마도 그날부터다. 그날도 나는 '윈도우 스와프'(Window Swap)를 켜고 앉아 있었다. 일명 남의 집 창밖 구경이다. 먹고 자고 일하고 놀고 배우고 쉬는 모든 생활을 집 안에서만 영위하는 인간이 외부와 연결되는 유일한 방식이 창문이라니. 어린이도 노인도 젊은이도 하염없이 창문만 바라보는 병이 생기다 못해 이제 자기 집 창밖 풍경은 진절머리가 나서 랜선을 통해서라도 남의 집 창밖 풍경까지 바라보고자 하는 것이다. 'Open a new window somewhere in the world'라는 글귀를 클릭하면 세계 어느 곳의 창밖 풍경이 5~10분간 랜덤으로 재생된다. 부둣가에서 작은 선박들이 흔들거리는 풍경, 고층 빌딩 사이로 검은 구름이 지나가는 풍경, 초원 위에서 가축들이 풀 뜯고 있는 풍경, 마당에 심긴 꽃들이 비를 맞는 풍경…… 어느 순간 나는 그 풍경들 속에 정말로 인간이 없다는 것을 다시 한번 깨닫는다. 인간들은 이제 모두 풍경 뒤로 숨어버렸다. 도시나 시골이나 할 것 없이 인간 없는 풍경엔 훼손되지 않은 아름다움이 있었다. 아닌가? 좀 쓸쓸한가? 생각하다가 뭐 아무렴 어때. 내게 중요한 건 내 몸이 풍경 안에서 주체적으로 움직이고 있느냐이다. 무릇 윈도우는 네가 바라보는 곳에 너도 있다고 아주 잠깐 속이고는 풍경을 잘라냄으로써 여기와 저기가 다르다고 가르쳐주면서, 우리를 어떤 한 지점에 고정시키려 한다. 한 발짝 한 발짝 나아감으로 온몸으로 흘려보내는 풍경은 창문에 없다. 하나만 더 보고 끄자, 'Open a new window somewhere in the world'를 누른 순간, 화면 중앙에 나타난 검은 고양이 한 마리가 나를 쳐다보고 있었다. 아니지, 창문 속 카메라를. 고양이는 뒤돌아서더니 두어 번 꼬리를 꿀렁거렸다. 따라오라는 신호처럼.

　나는 역병이 창궐하기 전의 어떤 기억을 떠올렸다. 우리는 회사에서 만났다. 선배는 내가 입사한 지 이틀 뒤에 퇴사했다. 그 후로 언니 동생 하며 만난 시간이 7년이 넘었으니 직장 동료로서의 동병상련보다 서로의 각자도생을 응원하는 친구라고 하는 게 더 맞다. 우리는 그날 선배의 망원동 집에서 즐거운 저녁때를 보내고 있었다. 대접을 사이에 두고 거리낌 없이 서로의 숟가락과 젓가락을 푹푹 담가가며 마라탕을 먹었고, 손으로 깐 오렌지를 보드카에 넣어 벌컥벌컥 마시면서 각자 얼마나 힘들게 일하고 있는지 얘기하는 중이었다. 그러다 갑자기 선배는 무언가 생각났다는 듯이 자리에서 일어났다.

── 요다가 들어올 때가 됐는데.
── 요다?
── 응 산책 갔다가 돌아올 시간이거든.

요다가 사람이 아님은 분명한데, 산책을 갔다 돌아온다 함은⋯⋯ 채 생각하기도 전에 선배는 현관문을 열었고, 그러자 그 사이로 얼룩 고양이가 고개를 쑥 내밀며 '집에 손님이 있었군' 하는 표정을 짓더니 유유히 들어오는 것이다. (집에는 이미 세 마리의 고양이가 있었다.)

―― 혼자 산책을 다녀왔다고?
―― 응.
―― 허!

술이 좀 취해서였는지 몰라도 나는 그 상황이 적잖이 당황스럽고 충격적이었다. 고양이가 산책을, 그것도 혼자 나갔다가, 다시 돌아온다니. 고양이는 집을 나가면 돌아오지 않는다는 속설 정도가 고양이에 대한 나의 지식이었거니와 무릇 산책이란 사유하는 인간만이 전유하는 일종의 고차원적 행위라고 생각했던 것일까?

어쨌든. 그 후 나는 며칠 동안 산책하는 고양이, 아니 고양이의 산책에 대해 종종 떠올렸다. 무엇을 보는지, 듣는지, 맡는지, 무엇을 위험으로 감지하고 무엇에 갸르릉거리는지, 산책하는 그들이 경험하는 도시는 어떤지……. 하지만 호기심, 그뿐이었다.

그러나 지금, 도시를 유람하는 유일한 존재, 요다의 몸을 절실하게 빌리고 싶다. 채팅창에 급히 선배를 소환했다.

[박] 선배 밖에 안 나간 지 얼마쯤 되었어?
[우] 한 석 달쯤? 계절이 바뀐 것 같더라.
[박] 우리 요다랑 같이 산책하면 어때?
[우] 같이?
[박] 요다에게 작은 카메라를 달아주자!

며칠 후 우리는 저녁 식사를 마치고 각자 컴퓨터 앞에 앉았다.

[우] 요다 출발.

영상의 속도는 그간 봐오던 것과는 확연히 달랐다.

[박] 사람보다는 빠르고 자전거보다는 느린 느낌이야!

그러나 이내 그 속도를 가늠하기 어려울 정도로 느림과 빠름을 수시로 왔다 갔다 했다.

[우] 마치 한 곡에 다양한 박자가 있는 교향곡을 듣는 것 같다.

나와 선배는 요다에 의해 흐르는 풍경을 쫓아가느라 한동안 말이 없었다.

[박] 여긴 버스 정류장이야!
[우] 그러네. 정류장에 앉아서 쉬고 있나 봐.

요다는 꽤 오랫동안 자동차들이 인간을 태우고 지나가는 것을 구경했다. 걷지 못하는 인간들을 실어 나르는 자동차의 충성심이 마냥 신기하다는 듯이.

인간은 둥근 지구에 살면서 수많은 수평면을 만들어 왔다. 그것도 정확하게 평평한. 수직은 더 높은 수평면을 만들기 위해 이용될 뿐이다. 인간은 얇은 수평면을 차곡차곡 쌓거나 도르래로 수평면을 끌어올려 어딘가로 올라간다. 그러므로 인간의 시선은 거의 대부분 수평적이다. 도통 하늘을 올려다보거나 땅을 내려다보지 않는다. 인간의 고개는 얼마나 꼿꼿한가.

요다는 곧잘 담장을 탔다. 요다가 길을 걷다가 갑자기 위나 아래를 응시할 때, 아주 잠깐이지만 나는 묘한 희열을 느낀다. 몸이 오를 수 있는, 혹은 몸이 떨어질 수 있는 높이를 가늠해보는 감각은 인간의 산책에서는 경험할 수 없는 것이었다. 어딘가에 오르고자 할 때 요다가 고려하는 것이 높이뿐만은 아니었다. 요다는 벽돌 앞에서는 망설이지 않았다. 콘크리트와 나무 앞에서는 조금 망설였고, 유리 앞에서는 마치 인간이 빙판길을 피해 가듯이 지나쳤다. 도시의 입면은 고양이들에게 제2의 보도블록인 셈이었다. 물론 서울은 고양이의 브행이 고려된 도시가 전혀 아니었기 때문에(물론 인간의 보행이 고려되었는지도 의문이지만), 요다는 자주 오르는 만큼 자주 떨어지기도 했다. 어떤 날은 떨어진 채로 몇 초간 움직이지 않기도 했는데, 그럴 때마다 선배와 나 역시 몸이 굳었다.

 하루는 요다가 오르고, 오르고, 오르기를 반복하더니 꽤 높은 건물 옥상까지 올라간 모양이었다. 주변에 낮게 깔린 다세대주택들을 향해 요다가 고개를 돌렸을 때, 선배와 나는 작은 탄성을 질렀다. 지붕마다, 옥상마다 고양이들이 널브러져 낮잠을 자고 있었다. 움츠리며 산 세월을 다 펼쳐 말리겠다는 듯이. 볕이 드는 자리, 고개를 들면 하늘이 보이는 자리, 바람이 솔솔 부는 자리에서 꾸벅꾸벅 졸고 싶음은 인간에게만 있는 마음이 아니다. 인간의 자리는 도시에서 집 한 채로 오그라들었고, 고양이의 자리는 차 밑에서 지붕 위로 승격되었다. 이제 도시의 구석구석에서 울부짖는 것은 고양이가 아니라 인간이다.

> 새까만 고양이 두 마리
> 뇌쇄적인 밤 지붕 위에서
> 꼿꼿이 세운 꼬리 끝으로
> 실오라기 같은 초승달이 희미하다.
> "오와아, 안녕하세요."
> "오와아, 안녕하세요."
> "옹야, 옹야, 옹야."
> "오와아아, 이 집 주인은 아파요."*

요다는 점점 더 산책 시간과 범위를 넓혀갔다. 학교, 교회, 공중목욕탕, 백화점, 도서관, 경기장, 궁…… 인간이 '공공장소'라 일컫던 곳들이 고양이들에겐 미지의 개척지가 되었다. 예배당에서 교미가 이루어진다든지, 목욕탕에서 새끼를 낳아 기른다든지, 백화점이 놀이터가 된다든지…… 많은 건물과 공간들의 본래 용도가 무산되고, 품위 있게 입장한 고양이들에 의해 장소가

---

* 하기와라 사쿠타로,「고양이」,『우울한 고양이』(지식을만드는지식, 2014)

재편성되고 있었다. 나는 문득 이것이 지금의 이야기인가? 하고 생각했다. 접촉이 금지된 물리적 세계. 그 벼랑 끝에서 인간이 뛰어내린 접속 가능한 가상의 세계. 나는 어디에 있는 것인가?

[박] 선배, 매일 밤 꿈이 이어지고 있어. 인간이었다가 고양이였다가 고양이 인간이 되었다가 하는 꿈. 고양이의 도시와 인간의 도시가 겹쳐지는 꿈. 그러니까 어쩌면 그저 동물이고, 그저 동물들의 도시인 꿈.

내 앞의 고양이가 꼬리를 흔들고 있어. 따라가는 나에게도 꼬리가 자라고 있어. 우리는 을지로의 골목을 누비고 있어. 바쁘게 어디론가 이동하는 사람들. 그들의 발은 우리를 피해 가면서 즐거운 리듬을 만들고, 가끔은 누군가 멈춰 서서 우리의 눈동자를 봐.

건물에는 수많은 사다리가 쭉쭉 뻗어나가며 또 다른 위치를 만들고 있어. 우리에겐 각자의 사다리가 있고, 가끔은 서로의 사다리를 이용하고, 그렇게 서로의 안전이 되어주네.

창문을 두드리면 창문이 열리고, 손을 내밀면 손

을 잡고, 부르는 소리가 있으면 대답하는 소리가 있고, 작은 누군가가 일어서면 커다란 누군가가 앉으면서…….
나는 네발을 모으고 종묘공원에 앉아 세운상가를 바라보고 있어.

자세히 보기

어느 지면에 나는 이렇게 썼다.

보는 일은 쉽다. 자세히 보는 일은 그보다는 어렵다. 의지가 수반되기 때문이다. '자세히 보아야 예쁘다'는 말에 거의 동의하지 않는다. 대충 보았을 때보다 자세히 보았을 때 우리가 인정하고 싶지 않았던, 혹은 마주하고 싶지 않았던 고통과 슬픔의 웅크린 등을 발견할 확률이 더 크다고 여기기 때문이다. 그 등에 손을 뻗을 것인지는 또 다른 문제이지만, '자세히 보기'는 보이는 것이 숨겨둔 보이지 않는 무엇을 찾아내기 위해 통과해야 할 첫 번째 관문이기도 하다.

하지만 금방 그 생각을 보기 좋게 허물게 된 사건이 있었다. 제주도의 어느 유명한 동백정원에서 보유한 동백꽃의 도감을 만들게 되어서 약 250여 종의 동백꽃을 촬영하는데, 촬영 조건에 맞는 건강한 꽃을 하나하나 꺾어 가지를 다듬고 잎을 닦는 일부터 내 몫이었다. 그러면서 꽃의 크기, 색깔, 구조, 질감 등을 자세히 볼 수밖에 없었는데, 꽃의 아름다움 앞에서 말의 형용은 정말로 무력했다. 자세히 볼수록 꽃은 더 예뻐졌다. 그러나 한편으로 이렇게 점점 더 자세히 본다면…… 결국 '예쁘다'의 뒷면을 마주하게 될 것이라고 생각했다.

첫 빈티지 화병

정식으로 돈을 주고 구입한 첫 꽃병은 눈여겨보던 온라인 빈티지숍에서였다. 그 빈티지숍에는 유리 구의 생화 문진이 여럿 있었는데, 꽤 오래 호시탐탐 그것을 노리다가 돌연 꽃병을 사게 되었다. 동글동글한 몸체에 동그란 손잡이가 달린, 갈색으로 얼룩진 작은 꽃병이었다. 1950년대 서독에서 만들어진 것이라는 단출한 설명에는 어떤 상상과 분위기가 깃들어 있었다. 사고자 하면 핑계도 좋다. 판매자에게 메시지를 보냈더니, "안녕하세요. 세미 시인님!"이라는 답변이 왔다. 아이디가 달라 몰랐는데, 알고 보니 판매자는 출판사를 운영하고 있였다. 그녀는 꽃병과 함께 어키놉스꽃 문진을 보내주었다. 그 후 얼마 되지 않아 산문집을 제안받았고 시간이 오래 걸렸지만, 그 산문집이 바로 이 책이다. 아무튼 우리 인연의 첫 장을 열어준 그 꽃병은 꽃병으로 사용되지 못했다. 대신 시가 되었다.

> 한 시기가 다가온다
> 질긴 그림자를 입고서
>
> 어떤 시간은 표면에 머무르고
> 어떤 시간은 폭발한다
>
> 물을 담으니
> 알지 못하는 얼굴이 떠오른다
> 물은 소리 없이 진동하며
>
> 우뚝 선 그림자를
> 녹인다
>
> 모두 마르고 나면
> 수상했던 시절은
> 깨질 것이다*

* 박세미, 「빈티지」, 『오늘 사회 발코니』(문학과지성사, 2023)

꽃병은 깨지기 쉬우므로 긴 시간을 견디려면 부드러운 손길이 필요하다. 아니면 어두운 곳에서 무관심의 문이 필요하다. 서독에서 서울까지 오려면 통통한 에어캡이 필요하다. 손에서 손으로 건네는 주의가 필요하다. 그러한 돌봄이 모두 익명이 되고 나서 나에게 오는 것이고, 나 또한 익명이 될 수 있다. 빈티지란 생산연도, 제조국, 디자이너 등의 정보 위에 익명의 돌봄과 시간을 두텁게 쌓아 올린 물질이 아닐까.

그 후에도 이따금씩 그녀에게 익명의 시간들을 사곤 했다. 유독 연약한 것들이었다. 홀메가드에서 1980년대에 제작한 크리스마스 볼 몇 개, 커다란 구멍이 있는 세라믹 사각 꽃병 등. 나는 그것들에 꽃을 꽂는 상상을 한다. 어떤 일은 현실화를 유예하면서 상상하는 편이 더 즐겁기도 하다. 이 책을 내준 그녀와 나 사이엔 일곱 개의 꽃병이 있다.

꽃잎 한 장

비가 추적추적 오던 날, 그와 나는 우비를 입고 한참을 아무 말 없이 걸었다.
   그에게서 한 세 걸음 뒤떨어져서 걷던 나는 생각한다.
   이 사랑 참 고되다.

멀리서 검은 말 두 마리가 보인다. 나는 그를 앞질러 달려간다.
   말의 까만 털은 축축하게 젖어 있었고, 미간에는 아주 작은 핑크색 꽃잎 한 장이 붙어 있었다.
   그 어떤 의도도 의미도 없으므로 아름답다.
   아름다운 장면은 자주 슬픔을 동반하고,
   꽃잎처럼 붙어 있다가 별안간 사라질 것이다.

최근 10년간,
가끔 꽃

2015-03-31

봄밤에 커다란 안개를 들고 그가 집 앞으로 왔다. 포장마차에서 쭐멍게를 나눠 먹으며 소주도 한잔했다. 집에 돌아오는 길 구름을 안고 걷는 것 같았다.

2015-08-03

람블라 거리에서 맥주를 마시고 있는 우리에게 누군가 다가와 꽃을 내밀었다. 빨간 장미를 강매당했고, 맥주를 마실 때마다 잔 밑에서 장미가 일렁였다. 겨우 두고 온 질긴 슬픔이 순식간에 몰려들었다.

2018-02-10

4월에 결혼하는 솔희가 나에게 축시를 부탁하면서 노

랑 튤립 다발을 내밀었다. 말하는 동시에 내밀었다는 것이 솔희의 사랑스러움이다. 그냥 말했어도 흔쾌히 하겠다고 했을 테지만, 내일부터 바로 쓰려고 한다.

2018-06-15
며칠을 원고 마감 때문에 책상에 앉아 끙끙대고 있으니, 어제저녁엔 엄마가 힘내라며 책상에 분홍 작약 송이를 두고 갔다. 시큰둥하게 받았지만, 자꾸 힐끔거리게 되고 만지작거리게 된다. 부드럽고 사각이는 힘이 생긴다.

2018-09-29
숙취로 아침을 고통스럽게 맞이하고, 겨우 라면 하나를 끓여 먹다가 문득 핸드폰 사진첩을 열어보았다. 어제 술집에서 안주 곁에 수북이 쌓여 있던 무순을 꽃다발처럼 손에 쥐고 찍은 사진이 열 장이 넘는다. 어렴풋이 기억이 난다. 취해서 한참 혼자 무순 꽃다발을 만들어 놓았는데, 그것보다 옆의 친구들 아무도 나를 저지하거나 신경 쓰지 않았다는 것이 씁쓸하다.

2019-02-04

친구가 고향에 가면서 집을 내어주었고, 연휴 동안 어떻게든 첫 시집 원고를 이제는 정말로 마무리해야 하는 나는 우울의 절벽에서 웃기 위하여 꽃을 사서 입주했다. 꽃집 사장님이 덤으로 꽂아준 아네모네가 제일 마음에 든다.

2019-08-22

정말 오랜만에 낮에 걸었다. '이거 여름 햇빛 아니야 가을 햇빛이야' 하며 기분이 좋아서 꽃을 사 왔고, 생일날 선물받아 고이 모셔두었던 알토 화병을 드디어 꺼냈다. 스리툽메인과 거베라를 길이 맞춰 줄기도 자르고, 물도 채워 넣고, 이리저리 세웠다 눕혀도 보고 조명도 껐다 켜보고 하다 보니 땀이 났다. 여름이 갔다는 건 나의 착각이었다.

2019-11-18

친구의 결혼식에 다녀온 친구들이 결혼식이 끝나고 받아 온 꽃더미를 내 배낭에 꽂아주었다. 꽃이 등에 매달려 있으니, 맨 앞에서 걷고 싶다. 달려서 모두를 앞지른 후 뒤돌아서니 친구들이 웃는다.

2020-03-09

오늘은 꽃집에 가니 산당화가 있었다. 초록 줄기의 꽃이 아닌, 목질화된 나뭇가지에 피어난 꽃은 처음 꽂아본다. 빈 와인병이 있길래 꽂아두었다. 산에 다녀온 기분이 난다.

2020-05-08

엄마에게 호접란과 헬레보루스를 선물했다. 살아 있는 우아함이 엄마의 하루를 지켜주길 바라면서.

2022-05-08

이번 주말 작업실엔 내내 꽃 천지였다. 엄마와 평화와 민철이 덕분이다. 버터플라이 라넌, 작약, 거베라, 부바르디아, 라넌큘러스, 장미를 술병에 물병에 꽃병에 차근차근 꽂아두는 시간이 좋았다. 총 여섯 개의 꽃병을 작업실 곳곳에 두고 보았다.

2022-06-24

세차게 내리는 밤비를 뚫고 와인과 여름 꽃다발을 들고 인아 씨가 작업실에 왔다. 손수 고른 꽃과 풀들 이름을 하나하나 적어서. 내가 알아볼 수 있게 그림도 그려서.

설화 꼬리 같은 조, 벼같이 하늘거리는 페니쿰이 제일 마음에 든다. 인아 씨가 벗어둔 젖은 양말 두 짝은 우리 마음 맞음 같다.

2024-01-01

베를린 브란덴부르크 공항에 도착하니 밤 12시가 넘은 시간이었지만, 평화와 민철이가 마중 나와주었다. 어둠 속에 베를린 거리를 지나 호텔에 도착했고, 내 방은 평화와 민철이가 묵는 방 바로 옆방이었다. 방문 앞에서 헤어지려는데 경화가 보라색 튤립 한 다발을 손에 쥐여주었다. 베를른에 머무는 동안 아침마다 꽃병의 물을 갈아주었다. 마지막 날 완전히 시든 튤립 사진을 찍고 호텔을 나왔다. 여행이 끝났다.

2024-05-10

저녁엔 설화오- 아빠와 산책을 했다. 경의선숲길에 하얗고 토실한 트끼풀이 가득 피었다. 자세히 보려고 하니 아빠가 두 승이를 꺾어 연결해 나의 손목에 묶어주었다. 마흔이 다 되어가는 딸에게 토끼풀 팔찌를 채워주던 아빠의 손을 오래 기억하려고 한다.

미술관이라는
이름의 향기

어느 날 아침 길을 나설 때, 맞은편에서 바람이 훅 불어오고 그 공기를 들이마실 때, 나는 이국을 떠올린다. 아니 떠올린다기보다는 휩싸인다. 인도 뉴델리의 한 숙소 옥상에서 따뜻한 짜이에 비스킷을 찍어 먹던 그 기억이 내 몸 깊숙한 곳에서 폭발적으로 터져 나오고, 죽은 줄만 알았던 시간의 재채기에 잠시 두근거린다. 무엇이 13년 전 기억을 불러들인 것일까? 좀 더 낭만적인 이유가 있을지도 모르겠지만, 방금 내가 들이마신 공기가 그때 공기의 구성 요소들의 비율과 비슷하기 때문일 것이다. 아침의 서늘하고 축축한 공기에 오토바이의 매연이 두툼하게 얹히고, 그 위에 향신료가 살짝 뿌려진 냄새. 그 냄새의 총체를 나는 '인도 냄새'라고 부르는데, 그 외에 별다른 이름을 붙이지 못하기 때문이다. 생각해보면 후각은 그 어떤 감각보다 생각이나 언어 아래 쉽게 거느려지지 않는다. 그래서 어떤 냄새를 묘사하고자 할 때, 다른 감각이나 또 다른 냄새에 의존하면서 우리는 넘을 수 없는 언어의 한계선 앞에서 무안한 표정이 될 수밖에. 이를테면, 갓난아기의 정수리에서 피어오르는 그토록 보드랍고(촉각) 구수한(미각) 냄새를 맡으면서 '분'(다른 냄새)이라는 아주 얄팍한 표현을 내뱉고 마는 것이다. 그러니 그 냄새의 이름은 '갓난아기 정수리' 자체인 것이 최선일지도 모르겠다.

그렇다면, '미술관'이라는 이름을 붙일 수 있는 냄새가 있을까? 혹은 '국립현대미술관 과천'이라는 냄새가 있다면 어떨까? 황지해 작가는 이 원형정원이 미술관의 향기 통이 되기를 바랐다고 했다. 그래서 아침에, 오후에, 혹은 비 오기 전후 등 각종 시간 때에 저마다의 향을 내뿜는 방향식물들을 사방에 심었다고. 그리고 어릴 적 이야기를 들려주었다.

"어렸을 때 살던 곳이 굉장히 한가한 시골이었어요. 제일 친한 친구가 옆 마을에 살았는데, 어느 날 그 친구가 이사를 가고 나니까 어린 마음에 분리 불안 같은 게 생길 정도였어요. 너무 많이 보고 싶고 그리워서 친구가 살던 집을 일부러 지나가고는 했는데, 담장에 정향

나무 계열인 수수꽃다리가 자라고 있더라고요. 그 향기가 우리를 연결해주는 것 같았어요. 그 후에도 수수꽃다리 향기만 맡으면 그 친구 생각이 나요. 미술관에 찾아오시는 분들에게도 그런 연결의 기억, 기억의 연결이 될 수 있는 나무들을 심고 싶었어요."

원형정원에는 줄댕강나무가 있다. 꽃이 댕강 피어서 붙여진 이름인 댕강나무에는 꽃댕강, 줄댕강, 털댕강 등 여러 종류가 있는데, 그중에 줄댕강나무는 유독 향기가 진해서 향기댕강나무라고 부르기도 한다. 댕강이라는 이름을 처음 붙여준 인물이 누구인지 몰라도 자기가 짓고도 웃었을 것 같다. 분명 그 이름에 동의를 표하는 사람이 있었을 것이고, 오랫동안 많은 사람이 댕강나무를 보며 '댕강'이라고 발음하면서 지었을 표정들을 상상하니 즐겁다.

   원형정원의 5월에도 줄댕강나무에서 손톱보다 작은 꽃이 '댕강' 필 것이다. 고광나무에도, 상록덜꿩나무에서도, 고추나무에서도 연이어 꽃들이 터질 때, 청계산에서 불어오는 바람을 따라 원형정원은 미술관의 향기통이 되겠지. 그 향기는 너무 미세하고 연약해서 사람들이 그 존재를 단박에 알아채지 못하더라도, 적어도 그들의 콧구멍은 알 것이다. 전시장을 빠져나와 원형정원에 잠시 들러 들이마신 이 공기가, 어느 날 불현듯 기억의 뇌관을 건드릴 수도 있으리라는 것을. 원형정원을 거닐던 도든 사람은 그 대상이 될 것이다. 양쪽이 부모 손을 잡고 걷는 것이 유독 헝복했던 아이라면, 따뜻한 커피를 홀짝홀짝 목구멍으로 넘기며 오늘 전시에서 자신의 가슴을 뛰게 만들었던 작품 하나를 떠올리던 젊은이라면, 벤치에 앉아 서로 이별을 고하던 연인이라면, 어떤 순간.

아름다운 것을 취하려면

건축은 태생적으로 자연을 배반한다. 지구에서 사람이 만드는 가장 거대한 물질이 아닐까? 그렇기 때문에 자연을 가장 의식하는(해야만 하는) 인공물이기도 하다. 땅에서 출발하며, 빛과 바람을 운영해야 하고, 풍경을 소유하고 싶어 하기 때문이다. 물론 건축가마다 자연을 의식하는 정도나 다루는 방식에 차이가 있다. 자연에 대한 태도가 작업 세계에 깊숙이 침투하는 경우도 있고 말이다.

호림 씨는 주말마다 오토바이를 타고 인적이 드문 산속을 찾아다닌다고 한다. 위성지도를 보면서 오토바이로 들어갈 수 있는 정도의 길이 있으면서 사람들이 쉽게 찾지 못하는 곳을 찾아서. 몸으로 바람을 가르며 달리고 달려 자연 속에 갇히는 일이 자신의 큰 행복이라고 했다. 처음 자연에 대해 관심 갖게 된 것은 철원에서의 군대 생활 때문이었다고 한다. 밤에 보초를 설 때 산세를 바라보면서, 겨울에서 봄이 될 때 식물들이 들썩들썩하는 걸 보며 아름다움을 느낄 때마다 가슴 속 수첩을 꺼내 적었다고도 했다. "그 아름다움을 느끼게 하는 속성이 뭘까요?" 물으니, "시간과 반복인 것 같아요. 물리적인 작용과 화학적인 작용이 반복되어서 그 형태가 만들어졌다고 생각하면, 돌멩이도 그냥 돌멩이로 안 느껴져요. 그런 맥락으로 사물을 보면 아스팔트의 깨진 틈의 모양도 아름다워요. 장식과 치장이 아닌 어떠한 힘의 반복이 만들어낸 명백한 논리가 있는 모양이니까요"라고 답했다. 아름다움에 취하는 것은 쉽다. 그러나 아름다움의 근거를 찾는 것에는 의지가 필요하다. 호림 씨의 능력.

호림 씨 집에 놀러갔다가 그가 만든 아름다운 것을 봤다. 화분이 놓여 있는 2층짜리 선반이다. 그러나 조금 이상한 선반이다. 체인으로 천장에 매달려 있어 흔들거리는 선반. 건물처럼 트렌치가 사방에 설치된 선반. 트렌치 끝에는 귀여운 레인 체인이 매달려 있는 선반. 나는 그 이상한 선반이 왜 아름다운지 궁금했다. 호림 씨는 물이 흐르는 선반을 만들고 싶었다고 했다. 그는 물이 잘 흐르는 소재가 무엇일까 생각했고, 물이 잘 흐르려면 선반의 단면이 어떻게 생겨야 하는지 고민했고, 그렇다면 판과 ㄷ자의 트렌치 부재가 어떻게 붙어야 할지 계획했다. 물이 흐르는 선반인 만큼 중력을 거스르지 않았으면 해서, 선반을 땅에 세우기보다 천장에 매달았다. 선반은 물이 흐르는 통로이자 구조였다. 내 앞에서 호림 씨가 화분에 물을 주지 않은 것은 매우 유감이다. 그래도 충분히 상상이 가능하다. 화분의 흙을 천천히 통과한 물이 철판을 타고 트렌치 홈을 타고 레인 체인을 타고 뚝뚝 떨어지는 장면. 그러면 물은 결국 방바닥으로 떨어지는 건가요? 아, 그래서 물 줄 때 레인 체인 끝에 물통을 달아둬야 해요. 하하. 물의 종착지까지는 고려하지 못했던 걸로. 우리는 웃었다. 하지만 건축이 그러하듯 의도와 예상을 벗어나는 장면들이 아름다움을 완성한다. 물이 철판에 떨어지는 소리라든지, 예상치 못한 물의 경로 같은 것들. 아름다움을 뚝딱뚝딱 만들 수 있는 호림 씨가 부럽다. 늘 건축가들이 부럽다.

   호림 씨는 무언가 생각났다는 듯이 (역시 자신이 만든) 책장 어딘가에서 책 하나를 꺼내 보여주었다. 제목이 한자로 『중국고대정원림의 분석』이라고 쓰여 있다. 1980년에 문화재관리국에서 발행한 책인데, "예술에 있어서 자연의 재연"을 강조하고 있다. 비매품인 책이라 대학생 시절 도서관에서 복사하여 봤던 책인데, 호림 씨가 이 책을 얼마나 사랑했는지, 갖은 메모와 밑줄들이 낭자하다. 아름다운 것을 취하려는.

우리 언젠가 꽃밭에 함께 누워요

엄마에게 전화를 받은 건 금요일 밤이었고, 주말엔 이 책의 원고를 마지막으로 확인해야 하는 중요한 과제가 남아 있었다. 3교지를 출력해 반듯하게 모아 철할 때만 해도 주말에 내가 상복을 입고 있으리라고는 생각 못 했다. 외할머니가 떠나셨다.

뭐라고 해야 할까. 97세이신 외할머니에게 죽음이 그림자가 드리워지고 있다는 것은 어렴풋이 알고 있었지만, 상주로서 장례식이라는 일련의 과정을 밟는 일에 대해서는 생각해보지 못했다.

빈소는 빠르고 순탄하게 차려졌고, 동생과 나는 상복을 차려입고 외할머니의 영정 앞에 섰다. 하얀 국화가 잔뜩 항아리에 담겨 있었고, 우리는 할머니 앞에 국화 한 송이씩을, 줄기를 고인 방향으로 놓았다. 꽃을 받아들 구체적인 손이 없다. 조문객들이 방문할 때마다 흰 국화가 쌓여갔다.

장례 둘째 날에는 입관이 치러졌다. 빈소에서 입관실로 가기 전 장례지도사는 흰 국화와 분홍 소국 몇 송이가 묶인 꽃다발을 가족들에게 나누어주었다. 일렬로 차례차례 입관실로 입장하면서 여기저기서 울음을 터뜨린다. 관에 누운 깨끗하고 단정한 외할머니의 몸 주변에는 흰색, 노란색, 분홍색 소국과 안개꽃이 가득 채워져 있었다. 외할머니가 꽃밭에 누워 있다. 눈 감은 채로, 말없이, 마지막 얼굴이다. 가족들은 손에 든 꽃을 건네며 짧게 인사했다. 잘 가요 엄마. 엄마 때문에 행복했어요, 정말이에요. 어머니 열심히, 진짜 열심히 살겠습니다, 지켜봐 주세요. 할머니 거기선 행복하기만 하세요. 돈 많은 곳으로 가세요, 할머니. 감사합니다.

발인 날에도 내 손에는 꽃이 들려 있었다. 관이 운구되는 동안, 화장로로 이동하는 동안, 수골과 분골이 이루어지는 동안 내내. 유골함이 납골당에 안치되고 나서야 내 손에서 꽃도 떠났다. 꽃이 떠났다.

꽃 같은 우리 외할머니. 사실 '꽃 같은-'과 같은 비유를 일부러 잘 쓰지 않는다. 관습적이고 흔하고 실체 없는 비유는 힘이 없고, 도리어 말을 망칠 때가 있다고 느꺼진다. 하지만 이 비유를 피할 수 없을 때도 있다는 것을 이제 안다.

꽃 같던 우리 외할머니. 최영화. 너무도 소박하고 조용한 삶이어서 빛나지 않는 것처럼 보였던 당신의 삶을, 마지막 순간을, 여기 이 책에 남깁니다.

부록

국립현대미술관 제공, ⓒ이미지줌

국립현대미술관 과천
원형정원

달뿌리——느리고 빠른 대화

정원가의 염원

이 정원은 정원가의 상상과 염원으로부터 비롯된다.

달에게 뿌리가 있을 거라는 상상. 어쩌면 이곳에 달이 뿌리내렸을지 모른다는 상상. 그렇다면 달이 여기에서 태어났으면 좋겠다는 바람.

정원가 황지해는 콘크리트로 지어진 미술관 옥상의 빈 원통형 공간을 천천히 걸어보았을 것이다. 문득 하늘을 올려다보았을 때, 달이 참 가깝네, 생각했을 것이다. 우물에서 달이 태어나듯이, 우물을 닮은 이 원형의 옥상에서 달이 태어나는 것을 상상했을 것이다. 그리고 이 미술관의 정수리를 부드럽고도 단단히 붙잡고 있는 달의 뿌리를 떠올렸을지도 모른다.

정원가는 옥상 너머로 펼쳐진 산맥으로 시선을 옮기

며 이미 완벽을 이룬 생태 앞에 겸허한 마음이 되었을 것이다.

"제가 여기에서 이국적인 다른 어떤 이야기를 해봤자 무의미해요. 어차피 직박구리가 청계산에서 씨앗을 물어다 여기에 뿌릴 거예요. 어차피 휘파람새가 와서, 어차피 종달새가 올 거예요. 어차피 인간의 힘으로 할 수 없어요. 어차피 자연의 최초 디자이너는 조류, 설치류, 빛과 바람과 같은 자연 스스로예요."

황지해는 '어차피'라고 할 때마다 힘주어 말했다. '어차피'가 '포기'가 아니라 이토록 강력한 '의지'의 말이었던가? 자연에 대한 겸허와 믿음을 바탕으로 한 말인 까닭이다.

정원가는 그간 수천 종류의 식물을 들여다본 이력으로 멀리서도 그 산이 품고 있는 식물의 목록을 어림잡아 작성할 수 있다. 그 곁에 날아드는 새와 각종 곤충의 목록까지도. 그녀는 그 목록의 이름들을 옥상 평면도 위에 씨앗처럼 뿌려보았을 것이다. 그녀는 이 옥상에 어떻게 해가 뜨고 지는지, 어디서부터 바람이 불어오는지, 새와 벌과 나비가 찾아오는 시간을 살피고 가늠해보면서 이 정원이 자연의 일부로서 건강히 작동할 수 있는 많은 장치를 고안했을 것이다. 그리고 원형정원으로 하여금 미술관을 찾는 사람들이 아주 느리고도 빠른 자연과 대화를 나눌 수 있기를 바랐을 것이다. 자신이 그러했듯이.

원형정원을 즐기는 다섯 가지 방법

1. 열두 개의 창에 제목을 붙여보기

정원가는 하나의 정원을 만들면서, 정원의 둘레에서 발견할 수 있는 열두 개의 책갈피를 숨겨두었다. 하나의 창 책갈피를 선택해 정원이라는 책을 열어보자. 지긋이 바라보자. 그것이 살아 있음을 빛과 바람이 알려줄 것이다. 몇 걸음 지나 또 다른 창 앞에 서보자. 정원가가 숨겨둔 자연의 비밀을 발견할 수도 있을 것이다. 그 창에 제목을 붙일 수 있는 것은 당신뿐이다. 지금, 그 장면은 오로지 당신만을 위해 이 순간만 존재하므로.

2. ㅁ-음이 끌린다면, 접촉해보기

원형정원으로 들어가면, 식물은 생각보다 가까이 있다. 식물과의 접촉을 두려워하지 말자. 나가 손을 뻗으면 식물도 금방 손을 내민다. 어떤 손은 질기고, 어떤 손은 보드라우며, 어떤 손은 까칠하고 따갑다. 가는오

이풀의 손을 잡고 나면 손에서 오이 향이 나고, 한라부추의 손을 잡고 나면 마늘 냄새가 난다. 억새와 뺨을 비비고 나면 하루 종일 기분 좋은 간질거림이 생각난다. 우리보다 훨씬 다채로운 식물의 피부를 느껴보세요.

단, 독성이 있는 투구꽃은 주의할 것. 투구꽃의 꽃말은 '나를 건드리지 마세요.'

3. 새의 시선에서 내려다보기

원형정원의 공간이 가진 특별한 점 중 하나는 옥상정원에서 원형정원을 내려다볼 수 있다는 것이다. 황지해 작가는 원형정원이 마치 식물 줄기의 단면도 같다고 했는데, 정말로 위에서 정원을 바라보면 물관, 체관, 형성층의 구조를 가진 정원을 발견할 수 있다. 바람이 식물 바다에 파도를 일으키면, 잎사귀의 윤슬이 일렁인다. 나무와 풀과 꽃의 머리를 차근차근 눈으로 솎아보는 즐거움. 그 즐거움 사이로 가끔은 어떤 사유가 새순처럼 돋아날지도 모른다.

4. 계절을 감각하기

정원은 계절의 변화를 온몸으로 적나라하게 드러낸다. 각자 정확한 시간에 꽃을 터뜨리고, 열매를 달고, 잎을 떨구면서, 정원의 형태와 색과 분위기를 바꾼다. 정원가의 상상대로 움직이면서, 또 곧잘 그 예상을 빗나가면서 스스로 계절이 된다. "나는 이 세상에 없는 계절"이라고 말한 시인이 있다. 단순히 '봄' '여름' '가을' '겨울'이라고 말할 수 없는, 이 세상에 없는 계절이 되어보자. 이 기특하고 오묘한 정원 곁에서.

5. 열매를 찾아서 몰래 따 먹기

그녀의 비밀을 누설하는 기분이 약간 들지만, 여기에서만큼은 공개하고 싶다. 원형정원을 즐기는 그녀의 방식. 그녀와 나는 업무로, 또는 시시한 일로 메시지를 주고받곤 했는데, 몇 개 적어보자면 이렇다.

6월 초 어느 날

── 나: 오늘 미술관에 일이 있어서 갈 것 같아요.
── 그녀: 그럼 저와도 프로젝트 관련해서 이야기 나눠요.
── 나: 좋아요.
── 그녀: 그리고 오시는 김에 정원도 한 바퀴 돌아주실래요? 블루베리도 자랐어요. 근데 제가 다 먹을

거라 비밀이에요. (아직 익지 않아 연두색인 블루베리 나무 사진을 보낸다.) 작년에 비하면 완전 주렁주렁이에요.
—— 나: 그렇군요. (다른 얘기)

7월 초 어느 날

—— 그녀: (손에 한가득 담은 빨간 앵두 사진을 보낸다.) 다음에 오면 앵두 드릴게요.
—— 나: 좋아요!
—— 그녀: 앵두 풍년이에요.
—— 나: 새하고 선생님만 따 먹는 거 아니에요?
—— 그녀: 그런 것 같아요. 다른 직원들한테는 말 안 하고, 손님들 오면 조금씩 나눠 줘요.

그녀는 그 후에도 나를 만나면 원형정원에 무슨 열매가 열렸고, 그걸 따 먹는다고 이야기하면서 행복한 어린아이 같은 표정을 지었다. 당시 나는 그 행복에 완전히 설득되지 않았는데, 이제 알 것 같다. 공짜 열매를 먹어서 즐거운 것이 아니라 자신이 사랑하는 정원이 있고, 그 정원이 품고 익혀간 것들을 자신의 목구멍으로 삼켜보는 기쁨. 나는 그 기쁨을 수확할 줄 아는 그녀가 부럽다. 그녀는 미술관의 직원이자 이 원형정원의 담당자인 이민아 학예사다.

이 외에도 곤충 찾아보기, 나만의 팔레트 만들어보기, 노래를 흥얼거려보기, 느린 춤을 춰보기 등 원형정원을 즐길 수 있는 방법을 적자면, 그 목록은 한없이 길어질 것이다. 그것보다 원형정원에 오는 이들 모두 자신만의 방법을 발명하기를.

자연은 자연스럽다

불가능한 일이겠지만 만약 열두 개의 창 중에 하나의 창을 내가 가질 수 있는 기회가 주어진다면, 나는 단연 일곱 번째 창을 선택할 것이다.

일곱 번째 창에서는 다른 창에서 볼 수 없는 큰 나무가 창의 왼편을 주욱 가로지르고 있었다. 두 갈래로 갈라지는 굵은 가지가 땅에서 시작되어 하늘을 지났다. 창에서 일부만을 파악할 수 있었기 때문에 나무의 크기가 가늠되지 않았다. 나무는 빛을 좇아 휘어지고, 바람의 힘에 순응하면서, 또 무언가를 피해 가며 그렇게 공중을 헤매었을 것이고, 그 그대로 가지의 형태가 되었을 것이다. 때문에 창 너머의 가지를 예상할 수 없었다. 나는 그저 창이 잘라놓은 나무의 허리만을 볼 뿐이었다. 그러니 상상하게 됐다. 나무의 손끝이 어디를 가리키고 있는지, 어떤 색깔의 모자를 썼는지, 얼굴형은 뾰족한지 둥근지, 어떤 친구들과 놀고 있는지, 혹시 어딘가 아파서 눈물을 흘리고 있지는 않은지……. 이름도 모르는 나무를 상상하면서, 이 나무의 생 전체가 궁금해진다.

"팽나무예요. 팽나무는 나비들의 먹이 창고예요. 이 팽나무를 심으려고 무척 고생했어요. 옥상의 토심이 매우 얕았기 때문에, 직근이 아닌 암반이 많은 곳에서 자란 포박형 뿌리를 가진 나무를 찾아야 했어요. '접시 분'이라고도 해요. 운 좋게 그런 팽나무를 찾게 되었는데, 더 기뻤던 것은 이 팽나무와 함께 찔레꽃과 노박덩굴, 으름덩굴이 혼식되어 자라고 있었어요. 식물들을 분리하지 않고 그대로 가져와 200톤 크레인을 이용해 심었어요. 복잡다단한 생태계, 공생하는 식물들의 관계, 실제 자연이 갖고 있는 원래 표정을 보여주고 싶었어요."

문을 열고 정원 안으로 들어가보니, 실제로 팽나무는 찔레꽃과 노박덩굴, 으름덩굴을 거느리고 있었다. 마치 한 가족의 가장처럼. 노박덩굴은 팽나무의 왼쪽

가지를 타고 오르며 팽나무를 넘어서고 있었고, 팽나무와는 또 다른 힘의 선을 그리고 있었다. 오른쪽으로는 찔레꽃이 어린 딸아이처럼 슬쩍 엉겨 새순을 내고 있었다. 그 장면이 너무 아름다워서 한동안 뚫어지게 쳐다보았다. 하지만 그 풍경을 잘라내어 소유할 수 있는 기적이 내게 일어난다 해도, 거부해야 할 것임을 이제 안다. 자연은 자연으로 거기 있어야 하니까.

보이지 않는 힘과 그것을 보는 힘

억새가 한가득 심겨 있었다. 가을바람에 살랑거리는, 금빛 물결을 이루는 억새밭을 많은 사람이 사랑한다. 나 역시 그렇다. 외유내강, 부드러운 힘의 클리셰. 땅 위의 억새를 보는 것이다.

느닷없이 정원가는 보이지 않는 억새의 뿌리에 대해 말한다. 촘촘하게 얽혀 강가의 땅을 붙잡고 있는 뿌리에 대해서.

"강줄기의 선은 결국 이 식물의 뿌리가 만드는 거게요."

땅속의 억새를, 억새의 진짜 힘을 보는 것이다.

밤에 빛나는 꽃 빛

태양의 얼굴을 본 적 없다. 태양은 우주의 중심에서 발광하면서 자신을 제외한 모든 것을 거부해버리니까. 빛나는 것들을 더 큰 빛으로 지워버린다. 그런 이유 때문인지 달을 훨씬 좋아한다. 달은 스스로 빛나지 않으면서도 암흑을 비출 줄 안다. 낮에는 가려져 있던 것들을 비추어 빛나게 한다. 나는 달의 얼굴을, 달의 표정을, 달의 기쁨과 우울을 매일 더 자세히 들여다보고 싶고 급기야 내 두 눈에 달을 심고 싶다는 생각에까지 이른다.

봄밤에 사람들이 목련나무와 벚나무 아래 모여 사진 찍는 것을 보았다. 목련과 벚꽃이 달빛과 가로등 불빛을 받아 또 다른 빛의 몸을 하고 있었다. 꽃 빛. 꽃의 빛을 사진 찍는 사람들의 얼굴이 천진하게 빛난다. 사람들의 검은 동공에 목련이 맺히고 벚꽃 잎이 찰랑인다. 반사되고 반사되고 반사된 빛의 사탕들이 줄줄이 열리는 봄밤.

열 번째 창 앞에서, 내 키보다 작은 덤불을 정원가가 가리키며 "저것이 가침박달이에요. 꽃이 피면 하얗게 빛나서 한국의 하얀 덤불이라고도 해요. 특히 달빛 아래에서 아름다운 정서를 가져다줘요" 하고 말했을 때,

나는 결심했다. 먼 훗날 나의 마당이 생기면, 가침박달을 심어야지. 봄밤이 되면 빛나는 달 아래, 빛나는 가침박달 옆에 쪼그려 앉아 내 두 눈에도 고요하게 타오르는 가침박달 빛을 심어야지.

도넛 모양의 원형정원
만약 나에게 하루, 원형정원의 도슨트 역할이 주어진다면 때마침 초등학교 학생들이 단체 관람을 왔다면, 원형정원의 공간적 특징에 관해 이런 이야기들을 나눌 거 같다.

이 원형정원은 도넛 모양을 하고 있어요.
우리가 서 있는 이 공간이 도넛 빵이고,
정원이 있는 곳이 도넛 구멍인 거죠.
그렇다면 어디가 안이고 어디가 바깥일까요?

정원을 둘러싼 실내 공간을 따라 걸으면 열두 개의 커다란 창문이 있어요.
지금, 이 순간 어느 쪽 창에서 빛이 들어올까요?

정원을 사이에 두고 친구와 서봅시다.
누가 주인공이고, 누가 배경일까요?
정원의 정면은 어디일까요?

정원 둘레를 걸어봅시다.
몇 개의 둘레가 있을까요?
이 정원의 시작과 끝은 어디일까요?

우리가 밟고 있는 건물의 바닥은 2층이에요.
그렇다면 이 나무는 몇 층에 뿌리를 내린 걸까요?

하늘에서 눈이 펑펑 내려요.
지붕에 눈이 차곡차곡 쌓여요.
그런데, 이 정원의 지붕은 어디지?

이쯤 되면, 한 아이가 소리칠 것 같다.
선생님이 왜 이렇게 질문이 많아요?

가지와 손과 새
원형정원을 향해 있는 창 앞에서 황지해 작가가 말했다.

"좀작살나무 이야기를 해줄게요. 여기 조그마한 보라색 열매가 달려 있는 것이 좀작살나무게요. 그런데 저기 열매가 떨어진 작은 가지들이 보이시죠? 저걸 자세히 보고 있으면, 꼭 신경계의 뉴런이나 시냅스처럼 보여요. 저는 그걸 보았을 때 감동했어요. '너도 뇌가 있구나!' 하고요. 행복했어요."

조금 놀랐다. 나도 좀작살나무를 안다. 나의 개와 함께 산책하는 길에도 좀작살나무가 있다. 걸음을 재촉하게 만드는 후덥지근한 여름의 산책에서 잠시 걸음을 멈추고 바람을 느끼기 좋은 가을의 산책으로 넘어갈 때, 우리가 자주 앉는 벤치 뒤에는 작은 보라색 구슬 다발이 열린다. 좀작살나무의 열매. 좀작살나무의 애교. 잎겨드랑이에 미니 포도송이를 주렁주렁 달고 살랑거린다. 열매를 가만히 보고 있으면 연두색과 보라색이 결국 하나의 색깔이라는 생각이 든다. 1초 전에 연두색이었다가 1초 후에 보라색이 되는 게 아니고, 모든 열매가 같은 속도로 보라색이 되는 것이 아니고, 그러니까 연두색에서 보라색으로 가는 도중만 있을 뿐이다. 흐릿하고도 선명한 좀작살나무의 동글동글한 애교. 그런데, 나무는 그대로 거기에서 삶을 지속하고 있었겠으나, 나는 그 애교를 모두 떨어뜨린 좀작살나무는 본 적이 없다. 열매가 사라지고 난 자리의 가지를 본 적 없을 뿐 아니라, 그 미세하게 뻗어 있는 가지들을 보면서 나처럼 나무에게도 뉴런이 있다고 생각하거나, 그래서 행복하다고 느낀 적은 더더욱 없다. 그녀는 아무래도 정원가이고 식물을 탐구하는 것이 일일 테니까 그것에 시선을 두는 시간과 애정이 나와는 다르겠거니 생각할 때쯤 그녀가 말을 이어갔다.

"뿌리의 형태, 꽃과 열매의 색, 성장하는 나무의 몸을 보면서 내 자신을 탐구하게 돼요. 저 좀작살나무와 내가 닮았다는 것을 알면, 우리가 서로 다른 생물이고, 분리되어 있는 존재라고 말 못 해요. 그냥 연결된 우리예요."

그녀의 사랑, 단순히 직업의 층위가 아니다. 너와 나의 닮은 점을 찾아내고, 너와 내가 연결되어 있다는 것을 알고, 그것에서 행복을 느끼는 것. 식물과 정원과 이 땅과 자연에 대한 사랑. 나이와 성별과 직업을 뛰어넘어, 누구나 할 수 있는 사랑. 응당 필요한 사랑. 그녀가 말했듯이 우리는 연결되어 있으므로.

원형정원을 둘러보고 난 뒤 의자에 앉아 이런저런 이야기를 나누다가, 황지해 작가가 얼마 전 자신의 예쁜 모습을 알게 되었다며 사진 한 장을 보여주었다. 그녀의 손이 찍힌 엑스레이 사진이었다. 땅을 파고 식물을 심고 옮기고 하다 보니 손의 마디마디가 다 상해 병원에 갔는데, 가느다랗고 흰 뼈가 조각조각 이어진 그 엑스레이 사진을 보며, 신이 나에게 아름다운 손뼈를 주셨구나 생각했다고 한다.

뼈가 진짜 예쁘네요, 하고 나는 화답했지만, 사실 원형정원의 열두 개의 창을 돌아보며, 마디 마디에 붕대를 칭칭 감고서 하늘을 가리키고, 꽃을 가리키고, 땅을 가리키던 그녀의 손을 진즉 아름답다고 생각하고 있었다. 새와 같다고도. 원형정원의 구석구석을 오가는 새. 다섯 개의 날개를 가진 새. 가시덤불에 상처 입고, 땅에 처박히고, 우거진 곳에서 꾸벅꾸벅 졸고 달콤한 열매를 다 먹고, 비로소 자신의 정원 상공에서 기뻐 노래하는 새.

이와바
: 숲을 인식하는 새로운 방식

마르타 토마시아크 (랜드스케이프아키텍처랩 대표) × 박세미

폴란드 북부의 이와바 숲이 랜드스케이프아키텍처랩에 의해 재탄생했다. 야생의 모습으로 방치되었던 숲에 사람들을 다시 초대하기 위해, 그러면서도 숲이 지닌 생태가 훼손되지 않도록 하기 위해 여러 전문가들의 도움을 받아 세심하게 계획해나갔다. 마르타 토마시아크에게 이와바 숲의 이야기를 들어보자.

박세미(박): 폴란드 북부 이와바(Iława)에 있는 도시 숲 복원 프로젝트다. 이와바는 아름다운 호수와 자연으로 둘러싸인 조용한 도시라고 알고 있다. 어떠한 배경에서 숲 복원 프로젝트가 진행되었는가?

마르타 토마시아크(토마시아크): 이와바는 호수를 둘러싸고 약 3만 명의 주민이 살고 있는 도시다. 폴란드에서 가장 긴 호수인 예치오락과 같은 아름다운 자연으로 둘러싸여 있다. 도시 경계 안에 야생 지역이 존재하지만, 오랫동안 이에 대한 프로그램이나 적절한 관리가 이루어지지 않았다. 그 결과 야생 지역은 위험하다고 여겨져 방치되었고, 사람들이 방문할 필요가 없는 곳이 됐다. 이것이 바로 이와바 숲의 상황이었다. 우리가 이 프로젝트를 시작했을 때 대상지는 가치 있는 공간으로 여겨지지 않았고, 심지어 아름답지도 않았다. 당시 지방 정부가 정비 시스템을 갖고 있지 않았기 때문에 숲에 쓰레기가 매우 많았다. 관리하고 있던 현지 산림청에서는 가끔 선별적인 벌목을 할 뿐이었고, 목재 수확을 위한 벌목은 매년 일어났다. 또한, 야생동물이 번성했다. 이곳을 처음 방문했을 때 우리는 사람들의 발길이 끊어진 덕분에 이 숲이 매우 안정적이고 강한 자연 생태계를 이루고 있다는 것을 깨달았다. 그러나 이와바 시에서는 이와 같은 생태학적 가치보다는 버려지고 소외된 장소의 프로그램과 용도 개발을 위해 이 프로젝트를 시작했다.

박: 일반적인 프로젝트와는 다르게 숲 복원 프로젝트는 '기존의 숲 생태에 조경과 건축이 얼마나 개입할 것인가'가 중요한 쟁점이다. 이와바 시에서 제시한 과제와 구체적인 가이드라인은 무엇이었고, 랜드스케이프아키텍처랩의 설계 목표는 무엇이었는가?

토마시아크: 우리가 이 프로젝트의 가장 큰 도전으로 여긴 것은 제안된 프로그램 및 건축적 개입과 생태 시스템의 안정성 및 자연 보존 사이에서 균형을 찾는 것이었다. 이 프로젝트를 진행하면서 보호종과 멸종위기종의 서식지가 발견될수록, 마법 같은 장소의 상황을 알게 될수록 우리는 점점 더 큰 책임감을 느꼈다.

입찰 지침에는 생각보다 확장된 프로그램이 제시되어 있었기 때문에 초기 단계부터 시에서 계획한 긴 활동 목록을 최소화하는 것이 우리의 분명한 목표였다. 따라서 건축적 개입이 적을수록 숲을 위한 일임을 클라이언트에게 관철하는 것이 주요 작업 중 하나였다. 동시에 우리는 모든 건축적 구조물이 숲에 그저 존재하는 것이 아니라 산림이라는 느낌을 주는 데 기여하는 것을 목표로 삼았다. 모든 인프라스트럭처의 목적을 미래의 사용자가 숲의 독특함을 발견하고, 자연스러운 숲의 세계를 경험하도록 돕는 것에 두었다.

박: 아이러니하게도 생태학적 관점에서 숲을 보존하기 위해서는 사람의 손이 닿지 않아야 한다. 인공적인 디자인을 많이 할수록 숲은 훼손되기 때문이다. 반면, 소외된 도시 자연 지역이 활성화되기 위해서는 사람들이 필요로 하는 프로그램의 도입이 불가피하다. 이 모순을 어떻게 극복하려 했으며, 어떤 프로그램들을 기획하고 구성했나?

토마시아크: 맞는 이야기다. 우리는 모든 프로젝트에서 항상 디자인이 재료, 노동력, 장소를 낭비하지 않으면서 정당할 수 있도록 노력한다. 이러한 태도로 작업해야 땅을 훼손하지 않는다. 우리는 항상 의문을 제기하면서 새로운 디자인과 건축적 개입이 지역 공동체와 생태계에 어떤 영향을 미칠지에 대해 논의한다. '개입의 의도가 무엇인가?'를 항상 묻는다. 동시에 우리는 생태적인 위기에 직면한 시대에 사람들에게 자연환경에 대해 알려주는 프로젝트들이 광야를 경험할 기회를 제공하며, 특히 중요한 서식지와 생태계를 존중하는 마음을 갖게 한다고 믿는다. 인간과 자연 사이의 관계를 더 건강하게 재정립하고 잃어버린 풍경에 대한 존중을 회복할 수 있는 기회라고 생각한다.

어떤 의미에서 이와바 숲 프로젝트는 질문처럼 반드시 모순적이지는 않다. 우리는 이와바 숲의 상태를 자연적으로 바꾸기 위해 노력했는데, 이 부분이 클라이언트와 가장 합의하기 어려웠다. 이를테면, 죽거나 부러진 나무를 쓰러진 곳에 그대로 두는 것이 더 강하고 균형 잡힌 생태계를 만든다는 점이다. 장기적인 관점에서 이렇게 하는 것은 벌목을 하던 이전 시기보다 숲이 더욱 잘 견딜 수 있도록 만들 것이다. 이런 생각을 달성하기 위해서는 건축가 또는 조경가로서 단지 짓는 것뿐 아니라, 의사결정 과정에 관련된 투자자와 지역공동체를 교육하고 타협하고 설득하는 것을 무엇보다 중요한 목표로 삼아야 했다.

궁극적으로 우리는 산책로 및 자전거 경로 시스템(특수 단일 트랙 포함), 전망대, 길과 휴양 공간의 가구들, 주도로의 조명과 길 찾기 시스템을 도입했다. 이러한 프로그램들은 인간과 자연을 연결하고, 방문객들에게 숲에 대한 새로운 인식을 만들어주는 기회로서 계획됐다.

박: 그 외에도 사람들이 숲을 새롭게 경험하도록 돕는 건축적, 혹은 조경적 요소에는 어떤 것들이 있는가?

토마시아크: 우리는 길 찾기 시스템을 통해 아름다운 '포레스트 내러티브'를 제안했다. 안내판에 쓰여 있는 이야기를 통해 우리는 나무가 마치 박물관의 전시물처럼 보여지도록 했다. 죽은 나무, 자연에서의 죽음, 숲에 사는 동물종, 장소의 소리와 냄새 등의 소재를 다루면서 생태계의 매력적인 이야기를 들려주는 것이다. 이것이 방문객들의 호기

심을 개우기를 바랐다. 또한, 나뭇가지 사이에 만들어진 전망더, 누워서 나무 꼭대기를 바라볼 수 있는 해먹, 숲속 바람의 움직임과 바람이 만든 소리를 느낄 수 있는 그네와 같이 공간의 전형적인 인식을 바꾸는 건축 요소들을 계획했다. 한편, 숲에서 가장 오래된 나무의 크기와 나이를 재현하는 등 조각적 요소도 있다.

박: 이 프로젝트는 시의회, 환경운동가, 지역 역사가. 디자이너 및 엔지니어들의 협업으로 진행되었다고 들었다. 각각의 역할은 무엇이며, 의사결정과 협업은 어떤 방식을 통해 이루어졌는가? 최종 결과물에 대한 평가도 궁금하다.

토마시가크: 랜드스케이프아키텍처랩은 지방 자치 단체와의 계약 아래 이 프로젝트를 진행했다. 프로세스 전반에 걸쳐 의회와 긴밀한 파트너십을 구축하는 데 성공했는데, 다른 프로젝트를 하고 나서 이제 뒤돌아보니 폴란드에서 흔한 사례는 아니었다. 우리는 이와바 의회와 같은 목표를 추구하는 하나의 팀이라고 생각했다. 물론 실제로 제안된 디자인에 대한 어렵고 긴 논쟁을 멈추지는 않았지만, 클라이언트와 설계자의 목적은 같았기 때문에 어떻게든 합의를 이뤄냈다. 우리는 이것이 성공적이고 목적의식이 있으며 아름다운 복원 프로젝트가 되기를 원했다.

건축 허가와 행정 절차를 통과하기 위해 우리는 구조 기술자, 도로 기술자, 전기 기술자, 조명 디자이너, 자문 건축가, 길 찾기 시스템 디자이너 등 다양한 전문 지식과 기술을 갖춘 엔지니어 팀을 구성해야 했다. 운이 좋게도 각 분야에서 전문성을 갖추고 있으면서도, 숲의 풍경과 매력에 대해 우리와 접근 방식을 공유할 수 있는 사람들을 만났다. 그중 일부는 이와바 숲 근처에 살고 있었다.

이 프로젝트 팀의 중심에는 우리 랜드스케이프아키텍처랩과 길 찾기 시스템 디자이너인 알렉산드라와 토마즈가 있었다. 이와바 숲과 그곳의 생태학적 가치를 더 잘 이해하려면 생물학자와 생태학자의 도움이 필요하다고 생각했다. 생물학자, 식물사회학자, 조류학자로 이루어진 팀과 협력을 시작했다. 이 팀은 디자인을 좋은 방향으로 이끌고 그 디자인 강도를 조절하는 일종의 나침반 역할을 했다. 그들은 숲에서 제일 중요한 부분을 모두 표시했고, 가장 오래된 나무를 찾아냈으며, 조류 서식지를 발견하고 모든 보호종과 멸종위기종을 조사하면서 숲에 대한 광범위한 생태학적 조사를 수행했다. 그들은 길 찾기 시스템의 서사를 만드는 작업에서도 우리와 함께 일했다. 이 과정에서 이와바 시는 현지의 역사학자와 연결해주었다. 그 역사학자 덕분에 제2차 세계대전 전에 이 장소가 현지 주민들을 위한 휴양지로 사용된 역사를 알게 됐다.

이처럼 서로 다른 배경을 가진 사람들이 모여 했던 노

력들은 집합적 지식이 되어 우리가 설계하고 구현하는 데 사용됐다. 이 지식이 디자인을 한 단계 더 향상시키고 건축적인 결정을 뒷받침해주었다.

박: 예술가의 정원(The Artist's Garden), 필트리의 정원(Garden in Filtry) 등 랜드스케이프아크 텍스처랩의 조경 디자인을 보면 매우 미니멀하고 섬세하다. 특히 인위적 시설물은 최대한 자연적 재료를 쓰되, 최소한으로 디자인한다는 느낌을 받는다. 조경 디자인 철학이 있다면 무엇인가? 또한 조경과 건축의 관계에 대한 생각을 들려달라.

토마시 야크: 이와바 숲과 바르샤바에 있는 두 개의 정원은 우리가 처음 실현한 설계안인데, 우리의 철학을 잘 반영하고 있다고 생각한다. 질문한 내용이 맞다. 우리는 최소한으로 겸손하게 접근하려고 노력하고, 무엇보다 장소와 땅을 존중하면서 설계한다. 우리가 해야 할 일은 과도하게 디자인하는 것이 아니라 이미 존재하는 것을 향상시키는 것이라고 생각한다. 결과적으로 가능한 한 현지에서 조달하고 제작한 천연 재료를 사용한다. 그러나 우리는 재료 자체보다는 공간을 만드는 데 관심이 더 많다. 야외에 있는 공간이지만, 우리는 다루는 장소들을 매우 공간적이고 건축적인 방식으로 생각한다. 장소의 밀도, 경계, 지붕과

바닥이라는 개념을 생각하면서 요소의 관계 및 구성을 잡아간다. 이 같은 면에서 나는 건축과 조경이 서로 매우 밀접하다고 생각한다. 조경가인 제임스 로즈의 말처럼 "정원이나 주변의 자연을 확장한 건물을 어떻게 설계할 것인가?"에 대해 충분히 질문해야 한다.

식물스케일

1판 1쇄 펴냄 *** 2025년 4월 5일

지은이 *** 박세미
펴낸이 *** 최선혜
편집 *** 최선혜
디자인 *** 오혜진(오와이이)
인쇄 및 제책 *** 세걸음
펴낸곳 *** 시간의흐름

출판등록 *** 제2017-00066호
주소 *** 서울시 서초구 바우뫼로11안길 25
이메일 *** deltatime.co@gmail.com

이 책의 일부 또는 전부를 재사용하려면 반드시 저작권자와 시간의흐름
양측의 동의를 얻어야 합니다.

ISBN 979-11-90999-20-5 (03810)